“十三五”职业教育国家规划教材
职业教育物流管理专业教学用书
1+X证书系列教材

物流单证制作

丛书主编　陈雄寅
本书主编　蓝晓芳
副 主 编　陈淑芳

電子工業出版社
Publishing House of Electronics Industry
北京 · BEIJING

内容简介

本书是职业教育物流管理专业精品推荐教材，以指导学生胜任物流单证制作岗位为导向，全书贯彻物流单证的流转程序，按照《国家职业教育改革实施方案》1+X证书制度的要求，围绕物流管理职业技能等级证书标准进行编写。

本书以工作任务为核心划分教学单元，全书分为四个项目，共二十个任务。其中，项目一为海运出口货代单证，包括签订国际贸易合同、海运出口订舱、海运出口报检、出口货物拣货出库、海运出口内陆运输、海运出口装箱集港、海运出口报关、海运出口装船签单共八个任务；项目二为海运进口货代单证，包括海运进口接单换单、海运进口报检和报关操作、海运进口货物运输、货物入库保管共四个任务；项目三为空运出口货代单证，包括航空出口接单揽货、出口货物送至航空货运站、航空运单填制、航空出口报检报关、航空出口装箱与交接发运共五个任务；项目四为陆运出口货代单证，包括《国际汽车联运货物运单》《国际铁路联运单》《国际快递运单》填制共三个任务。

本书既可供职业教育财经商贸类专业师生使用，也可供从事货运代理、外贸、商务等相关工作的人员参考。

图书在版编目（CIP）数据

物流单证制作 / 蓝晓芳主编 . —北京：电子工业出版社，2019.11
ISBN 978-7-121-36542-3

Ⅰ.①物… Ⅱ.①蓝… Ⅲ.①物流－原始凭证－职业教育－教材 Ⅳ.① F252

中国版本图书馆 CIP 数据核字（2019）第 092395 号

策划编辑：王志宇
责任编辑：张　慧
印　　刷：天津千鹤文化传播有限公司
装　　订：天津千鹤文化传播有限公司
出版发行：电子工业出版社
　　　　　北京市海淀区万寿路 173 信箱　邮编 100036
开　　本：787×1 092　1/16　印张：12.5　字数：320 千字
版　　次：2019 年 11 月第 1 版
印　　次：2021 年 6 月第 4 次印刷
定　　价：48.00 元

凡所购买电子工业出版社图书有缺损问题，请向购买书店调换。若书店售缺，请与本社发行部联系，联系及邮购电话：（010）88254888，88258888。

质量投诉请发邮件至 zlts@phei.com.cn，盗版侵权举报请发邮件至 dbqq@phei.com.cn。

本书咨询联系方式：（010）88254523，wangzy@phei.com.cn。

前 言

在当今国际贸易迅猛发展，国与国之间的贸易往来日益频繁的大环境下，物流单证显得异常重要。国际贸易交易的具体操作与物流单证的流转和交换密切相关。不了解、不熟悉物流单证知识就意味着不懂国际贸易，就无法与业务、财务及相关部门的人员进行准确和有效的沟通，同时意味着不能履行和完成国际贸易的约定和交易，极有可能导致旷日持久的官司和永远无法取得货款或收不到货物。因此，为适应市场需求需要培养高素质的物流单证制作人员。

本书根据《国家职业教育改革实施方案》，围绕物流管理职业技能等级证书标准及物流管理1+X证书制度的要求编写，涵盖作业流程的规定，仓储、运输、信息处理、物流系统的使用和维护等内容。本书积极响应国家职业教育改革部署，全书贯彻物流单证的流转程序，服务于物流管理1+X证书制度，以学生的个人职业发展为导向，在行业专家、企业导师的指导下，对物流单证制作岗位进行任务与能力分析，以物流单证制作实际工作任务为驱动，以物流单证制作应具备的职业能力为依据，按照学生的认知特点，采用任务递进与任务流程相结合的结构脉络来展示教学内容。

本书以工作任务为核心划分教学单元，形成融合过程性知识和经验性知识、策略性知识于一体的能力培养单元，全书分为四个项目，共二十个任务。本书以完成特定工作任务为目标，建立以工作过程为导向、以任务驱动为方法、以发展性评价为主线的富有专业特色的课程。其中，项目一为海运出口货代单证，项目二为海运进口货代单证，项目三为空运出口货代单证，项目四为陆运出口货代单证。项目中的每个任务都围绕物流管理职业技能初级证书标准，分为“任务环节”“任务目标”“任务展示”“任务准备”“任务执行”“任务评价”六个部分内容。其中，“任务展示”通过布置操作性较强的任务，激发学生的学习兴趣和工作欲望；“任务准备”通过扫描二维码的形式为学生提供单证模板，并为学生提供相关知识，以期为其拓展新知识、新技能；“任务执行”通过展示完成任务的具体操作步骤，以培养学生的实际操作能力。

本书特色主要体现在以下几个方面。

（1）立德树人，课程思政。本书将社会主义核心价值观和物流工匠精神融入教学内容，在“润物细无声”中培养着学生认真严谨、精益求精的职业精神，较好地体现课程思政。

（2）服务1+*X*，书证融通。本把学历证书与职业技能等级证书结合起来，探索实施1+*X*证书制度，是国务院2019年2月发布的《国家职业教育改革实施方案》中的重要改革部署。本书积极响应国家的职教改革部署，服务1+*X*证书制度，是书证融通的职业教育国家规划教材。

（3）岗位导向，任务驱动。本书基于任务驱动和工作过程的流程进行编写，将物流行业相关岗位的工作任务转化为教学任务，实现“岗位导向，任务驱动”，体现“工学结合，理实一体”。

（4）三个对接，三个融合。该书实现“三个对接”，分别是课程体系与岗位需求的对接，学习内容与工作内容的对接，校内教学资源与企业培训资源的对接。同时该书较好地体现“三个融合”，即职业教育与思政教育、情感教育、职业生涯规划教育的融合。

（5）突出典型，注重实务。本书在编写过程中遵循“突出典型，注重实务”，有利于培养物流行业的实用型技能人才和管理人才。

（6）内容精当，资源丰富。本书教学内容安排精当，行文简明，深入浅出。通过二维码拓展了教学资源，丰富了教学内容，并配有《现代物流基础学习指导》(ISBN 978-7-121-39608-3)，帮助学生巩固所学。

（7）全彩印刷，图文并茂。本书全彩印刷，以图文并茂的形式展示内容，直观形象地介绍相关的知识点和技能点，不仅可以作为职业院校物流专业课程教材使用，还可以供相关物流从业人员作为参考资料或培训使用。

本书由蓝晓芳任主编，陈淑芳任副主编。其中蓝晓芳编写了项目一和项目四两部分，合计170千字；陈淑芳编写了项目二和项目三两部分，合计150千字。本书在编写过程中，还得到了北京络捷斯特科技发展股份有限公司的帮助和支持，在此表示衷心的感谢！

本书在编写的过程中，参阅、借鉴和引用了大量国内外专家学者的文献、著作等资料，在此谨向有关专家学者表示深深的感谢。

本书内容涉及面较广，资料繁多，加之相关信息千变万化，编者水平有限，错漏之处在所难免，恳请各位专家和广大读者批评指正！

编　者

目录

项目一

海运出口货代单证

任务一　签订国际贸易合同（国际贸易合同、信用证）

任务环节

海运出口共要经过 9 个流程环节，具体流程如图 1-1 所示。欢迎进入任务一，了解合同和信用证。

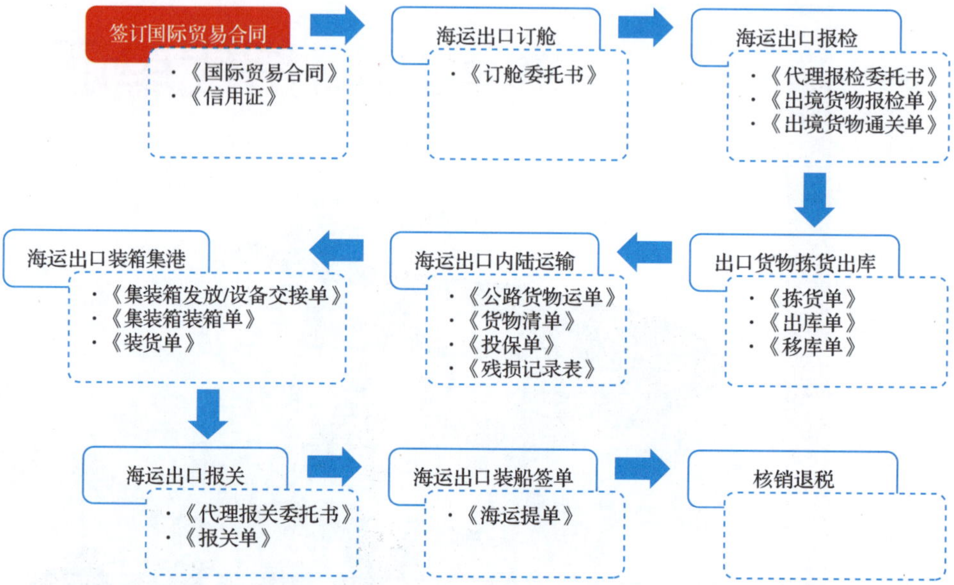

图 1-1　海运出口流程

任务目标

知识目标	（1）海运出口操作中单证的用途； （2）国际贸易中所涉及的单证种类； （3）贸易合同、信用证的含义
技能目标	（1）能够按照业务要求从贸易合同和信用证中正确提取信息； （2）能够绘制货代操作单据流程图； （3）能够表述各个流程阶段所需要的单证种类
素养目标	（1）具备良好的沟通能力； （2）具备良好的团队合作精神； （3）具备一定的风险防范意识和良好的专业规范行为

任务展示

厦门田佳制造有限公司（以下简称“厦门田佳”）是厦门市一家成立于 2004 年的

电子科技公司，主要生产汽车、电动车、混合动力汽车的电容器、开关、断路器、动力装置、蓄电池等产品，其产品主要出口到欧洲、北美洲、南美洲、东南亚、中东地区等地的 30 多个国家和地区。

厦门田佳拥有先进的生产设备和一流的生产技术，并拥有开拓进取、勇于创新、精诚团结的工作队伍。厦门田佳引进了日本企业管理模式，并借鉴其先进的管理工作经验，通过全员参与质量管理，竭力满足客户需求，实现了迅速发展与壮大。

厦门田佳生产工厂位于厦门市火炬（翔安）产业区。翔安地处台湾海峡西岸经济区最前沿，位于厦门市东部，居厦、漳、泉“金三角”核心地带，紧临台湾海峡，整个海岸线蜿蜒曲折，全长 234 千米，港阔水深，终年不冻，地理条件优越，有史以来就是中国东南沿海对外贸易的重要口岸。

赛丽新能源车（波蒂）有限公司（以下简称“赛丽能源车”）是一家从事新型能源汽车、电动车、特种车辆研发及生产的高新技术企业，是最早将新能源汽车动力技术引进中国内地的外资企业。凭借 18 年的新能源动力研究经验，赛丽能源车已成为国际领先的新能源汽车专业厂商，其产品市场遍布世界各地，包括中国、韩国、印度、泰国、印度尼西亚、意大利、俄罗斯、巴基斯坦、伊朗及阿尔及利亚等国家。

作为赛丽能源车的上游企业，厦门田佳为其提供生产新能源汽车的燃料电池等生产部件，双方经过多年的互赢合作，共同发展，建立了战略合作伙伴关系。

2016 年 1 月 1 日，厦门田佳与赛丽能源车签订了一份燃料电池供应合同。双方签订的《国际贸易合同》和赛丽能源车提供的信用证信息分别如图 1-2 和图 1-3 所示。

CONTRACT
合 同

合同号（CONTRACT NO.）：MM2016-PT096　　日期（DATE）：2016-01-01

买方：赛丽新能源车（波蒂）有限公司（SALI NEW ENERGY LTD.）

地址（Address）：格鲁吉亚第比利斯市狄杜波区迪哥米 1 区，12 号楼 1 号房间，0159

（DIDUBE DISTRICT, DIGOMI MASIVI I BLOCK, BUILDING 12, APARTMENT 1. TBILISI 0159, GEORGIA）

卖方：厦门田佳制造有限公司（XIAMEN TIANJIA MANUFACTURING CO.,LTD.）

地址（Address）：厦门市翔安区舫山西路 18 号，361101

（NO.18，WEST FANGSHAN ROAD, XIANG'AN, XIAMEN，361101）

电话（Tel）：0592-729××××　　传真（Fax）：0592-729××××

兹经买卖双方同意，由买方购进，卖方出售下列货物，按下列条款签订本合同：

This CONTRACT is made by and between the Buyer, the Sellers and the Manufacturer; whereby it is agreed that the Buyer purchase and the Sellers supply the under mentioned goods according to the terms and conditions stipulated below:

图 1-2 《国际贸易合同》

MARKS & NOS. 唛头	Name of Commodity, Specifications 商品名称、规格	Quantity 数量	Unit Price 单价	Total Amount 总价
N/M	FUEL BATTERY 燃料电池 8507809010	6910 SETS	US$ 48.00	CIF POTI US$ 331680.00
总值 Total Value	SAY U.S. DOLLARS THREE HUNDRED AND THIRTY-ONE THOUSAND SIX HUNDRED AND EIGHTY ONLY			

价格术语： CIF POTI
PRICE TERMS：
包装： 纸箱（CARTON） 1 SET/BOX, 10 BOXES/CTN
PACKING：
装运口岸： 厦门
PORT OF SHIPMENT： XIAMEN,CHINA
目的港： 波蒂
PORT OF DESTINATION： POTI,GEORGIA
付款方式： 信用证
PAYMENT： L/C
装船日期： 2016 年 03 月 01 日
DATE OF SHIPPMENT： 01 MAR, 2016

索赔（CLAIM）：WITHIN 30 DAYS AFTER THE ARRIVAL OF THE GOODS AT THE DESTINATION, SHOULD THE QUALITY, SPECIFICATIONS OR QUANTITY BE FOUND NOT IN CONFORMITY WITH THE STIPULATIONS OF THE CONTRACT EXCEPT THOSE CLAIMS FOR WHICH THE INSURANCE COMPANY OR THE OWNERS OF THE VESSEL ARE LIABLE. THE BUYERS SHALL, HAVE THE RIGHT ON THE STRENGTH OF THE INSPECTION CERTIFICATE ISSUED BY THE C.C.I.C AND THE RELATIVE DOCUMENTS TO CLAIM FOR COMPENSATION TO THE SELLERS.（在货到目的口岸 30 天内如发现货物品质、规格和数量与合同不符，除属保险公司或船方责任外、买方有权凭中国商检出具的检验证书或有关文件向卖方索赔换货或赔款）。

不可抗力（FORCE MAJEURE）：THE SELLERS SHALL NOT BE HELD RESPONSIBLE FOR THE DELAY IN SHIPMENT OR NON-DELI-VERY OF THE GOODS DUE TO FORCE MAJEURE, WHICH MIGHT OCCUR DURING THE PROCESS OF MANUFACTURING OR IN THE COURSE OF LOADING OR TRANSIT. THE SELLERS SHALL ADVISE THE BUYERS IMMEDIATELY OF THE OCCURRENCE MENTIONED ABOVE THE WITHIN FOURTEEN DAYS THERE AFTER. THE SELLERS SHALL SEND BY AIRMAIL TO THE BUYERS FOR THEIR ACCEPTANCE CERTIFICATE OF THE ACCIDENT. UNDER SUCH CIRCUMSTANCES THE SELLERS, HOWEVER, ARE STILL UNDER THE OBLIGATION TO TAKE ALL NECESSARY

图 1-2 《国际贸易合同》（续）

MEASURES TO HASTEN THE DELIVERY OF THE GOODS.（由于人力不可抗力的原因，发生在制造、装载或运输的过程中导致卖方延期交货或不能交货者，卖方可免除责任。在不可抗力发生后，卖方须立即电告买方并在 14 天内以空邮方式向买方提供事故发生的证明文件，在上述情况下，卖方仍须负责采取措施尽快发货。）

仲裁（ARBTTRATION）：ALL DISPUTES IN CONNECTION WITH THE EXECUTION OF THIS CONTRACT SHALL BE SETTLED THROUGH FRIENDLY NEGOTIATION. IN CASE NO SETTLEMENT CAN BE REACHED, THE CASE THEN MAY BE SUBMITTED FOR ARBITRATION TO THE ARBITRATION COMMISSION OF THE CHINA COUNCIL FOR THE PROMOTION OF INTERNATIONAL TRADE IN ACCORDANCE WITH THE PROVISIONAL RULES OF PROCEDURE PROMULGATED BY THE SAID ARBITRATION COMMISSION. THE ARBITRATION COMMITTEE SHALL BE FINAL AND BINDING UPON BOTH PARTIES. AND THE ARBITRATION FEE SHALL BE BORNE BY THE LOSING PARTIES.（凡有关执行合同所发生的一切争议应通过友好协商解决，如协商不能解决，则将分歧提交中国国际贸易促进委员会按有关仲裁程序进行仲裁，仲裁将是终局的，双方均受其约束，仲裁费用由败诉方承担。）

卖方（The Sellers）：厦门田佳制造有限公司（XIAMEN TIANJIA MANUFACTURING CO.,LTD.）

日期（DATE）： 01 JAN，2016

买方（BUYER）：赛丽新能源车（波蒂）有限公司（SALI NEW ENERGY LTD.）

日期（DATE）： 01 JAN，2016

图 1-2 《国际贸易合同》（续）

信用证相关信息：

1 SEQUENCE OF TOTAL

1/1

2 FORM OF L/C

IRREVOCABLE

3 DOCUMENT CREDIT NO.

1256SL801161

4 DATE OF ISSUE

160110

5 DATE AND PLACE OF EXPIRE

160501 CHINA

6 APPLIANT

图 1-3 信用证信息

SALI NEW ENERGY LTD.

DIDUBE DISTRICT, DIGOMI MASIVI I BLOCK, BUILDING 12, APARTMENT 1. TBILISI 0159,GEORGIA

7 BENEFICIARY

XIAMEN TIANJIA MANUFACTURING CO.,LTD.

NO.18， WEST FANGSHAN ROAD, XIANG'AN, XIAMEN, 361101

8 CURRENCY CODE,AMOUNT

US$ 331680.00

9 MAXIMUM CREDIT AMOUNT

NOT EXCEEDING

10 AVAILABLE WITH,.BY

ANY BANK IN CHINA

BY NEGOTIATION

11 PRATIAL SHIPMENT

NOT ALLOWED

12 TRANSSHIPMENT

NOT ALLOWED

13 PORT OF LOAD/AIR OF

XIAMEN,CHINA

14 PORT OF DISCHARGE/AIR OF

POTI,GEORGIA BY SEA

15 LATEST DATE OF SHIPMENT

160301

16 DESCRIPTION OF GOODS

FUEL BATTERY

QUANTITY 6910（SETS） AT USD48.00/SET

CIF POTI GEORGIA

ALL DETAILS ARE AS PER S/C NO.MM2016-PT096

17 DOCUMENTS REQUIRED

YOUR SIGNED INVOICE & PACKING LIST IN OCTUBLICATE CERTIFYING MERCHANDISE TO BE OF CHINA ORIGIN

FULL SET OF CLEAN SHIPPED ON BOARD OCEAN BILLS OF LADING. AND NOTIFY APPLICANT,SHOWING “FREIGHT PREPAID” MENTIONING L/C NO.

18 PERIOD FOR PRESENTATION

BEFORE 15 MAR,2016

图 1-3 信用证信息（续）

任务准备

扫一扫

请扫描以下二维码，了解贸易合同及国际贸易的相关知识。

任务执行

步骤一：认识单证

单证作为一种贸易文件，它的流转环节构成了贸易程序。单证工作贯穿于企业外销、进货、运输、收汇的全过程，工作量大、时间性强、涉及面广，除外贸企业内部各部门之间的协调外，还必须和银行、海关、交通运输部门、保险公司、商检机构、有关行政管理机关发生多方面的联系。各环节相互影响、互为条件。

单证制作有以下五项要求。

（1）正确 / 准确（CORRECTNESS）。“正确”是所有单证工作的前提，要求制作的单据首先应满足单单一致、单证一致，其次应符合国际贸易惯例、各国及各行业法律和规则的要求，最后还应与所代表的货物无出入。

（2）完整（COMPLETENESS）。从某种意义上讲，“完整”主要指一笔业务所涉及的全部单据的完整性。可从以下几方面理解：内容完整、份数完整、种类完整。

凭单据买卖的合同 / 信用证都会明确要求出口方需提交哪些单据、提交几份、有无正副本要求、是否需要背书及应在单据上标明的内容，所有这些要求都必须得到满足。

（3）及时（INTIME；PUNCTUALITY）。“及时”指单据制作不迟延，包括及时制单、及时审单、及时交单、及时收汇。制作单据是一个复杂的工程，多数单据由出口商完成，有些则需要相关部门配合完成；审核应齐抓共管，这样就可以保证在规定的时间内把全部合格单据向有关方面提交，及时交单意味着能及时收汇，及时收汇意味着又一个良性业务环节的开始。

（4）简明（CONCISENESS）。“简明”指所制作的单据简单明了。跟单信用证统一惯例（Uniform Customs and Practice for Documentary Credits，UCP600）规定：“为了防止

混淆和误解，银行应劝阻在信用证或其任何修改书中加注过多的细节内容”，有关专家也指出，单据中不应出现与单据本身无关的内容。

（5）整洁（TIDINESS）。“整洁”指单据应清楚、干净、美观、大方，单据的格式设计合理、内容排列主次分明、重点内容醒目突出，不应出现涂抹现象，应尽量避免或减少加签修改。

步骤二：认识贸易合同

国际贸易合同在我国又称为外贸合同或进出口贸易合同，即营业地处于不同国家或地区的当事人就商品买卖所发生的权利和义务关系达成的书面协议。国际贸易合同受国家法律保护和管辖，是对签约各方都具有同等约束力的法律性文件，是解决贸易纠纷，进行调节、仲裁、与诉讼的法律依据。国际贸易合同属于社会交往中比较正式的契约文体，具有准确性、直接性和法定效力性等特点。

国际贸易合同是各国经营进出口业务的企业开展货物交易最基本的手段。这种合同不仅关系到合同当事人的利益，也关系到国家的利益及国与国之间的关系，因此国际贸易合同具有重要的作用。

国际贸易合同明确规定了当事人各方的权利和义务，是联系双方的纽带，对双方具有相同的法律约束力。在合同的履行过程中，合同双方当事人都必须严格执行合同条款，否则就是违反合同，即违约。当违约造成损失或损害时，受损害方可依据相关适用法律提出索赔要求，违约方必须承担造成的损失。如果一方因客观原因需要修改合同中的某些条款或终止合同，则必须提请对方确认。如果对方不同意修改或终止合同，除非提请方证明出现了不可抗力等特殊情况，否则提请方仍需履行原合同。

国际贸易合同的主要内容包括：

（1）货物的品质规格条款；

（2）货物的数量条款；

（3）货物的包装条款；

（4）货物的价格条款；

（5）货物的装运条款；

（6）货物的保险条款；

（7）货物的支付条款；

（8）货物的检验条款；

（9）不可抗力条款；

（10）仲裁条款；

（11）法律适用条款。

国家贸易合同的主要内容如【任务展示】中合同所列内容，详细规定了国际贸易合同的条款，可以有效避免合同履行过程中可能出现的纠纷。在纠纷出现的情况下，合同条款中对于纠纷的解决方式一般都会有规定。这些规定无论是对履行过程中的纠纷预防，还是对出现纠纷后的解决措施都有非常重要的作用。

步骤三：认识信用证

信用证（Letter of Credit, L/C）是一种银行开立的有条件的承诺付款的书面文件，它是一种银行信用。信用证业务如图 1-4 所示。

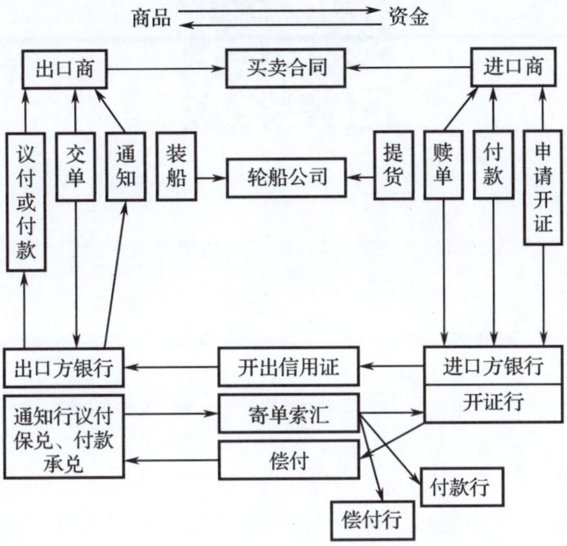

图 1-4　信用证业务

具体地讲，信用证是银行（开证行）依照进口商（开证申请人）的要求和指示，对出口商（受益人）发出的、授权进口商签发、以银行或进口商为付款人的汇票，保证在将来符合信用证条款规定的汇票和单据时，必定承兑和付款的保证文件。

根据信用证是否跟随单据，可将信用证分为光票信用证和跟单信用证两大类。在国际贸易中主要使用的是跟单信用证，我们一般分析的也是跟单信用证。

信用证的主要内容如下。

（1）对信用证本身的说明：L/C 种类、金额、有效期、到期地点。

（2）对货物的要求：货物的名称、品种规格、数量、包装、价格。

（3）对运输的要求：最晚装期、装运港和目的港、运输方式、可否分批转运和可否转运。

（4）对单据的要求：发票、装箱单、产地证、提单（货物所有权凭证）、保险单据等。

（5）特殊要求：上述要求在受益人所提出的单据中表示出来，并与信用证条款完全一致。

信用证的主要内容如【任务展示】中的信用证所列，将重要信息用记号标出。

任务评价

通过对上述任务的学习，教师可组织三方评价，并针对学生的任务执行情况进行点评。请学生扫描以下二维码，完成任务评价表的填写。

任务二　海运出口订舱（订舱委托书）

任务环节

海运出口共要经过 9 个流程环节，具体流程如图 1-5 所示。欢迎进入任务二，制作订舱委托书。

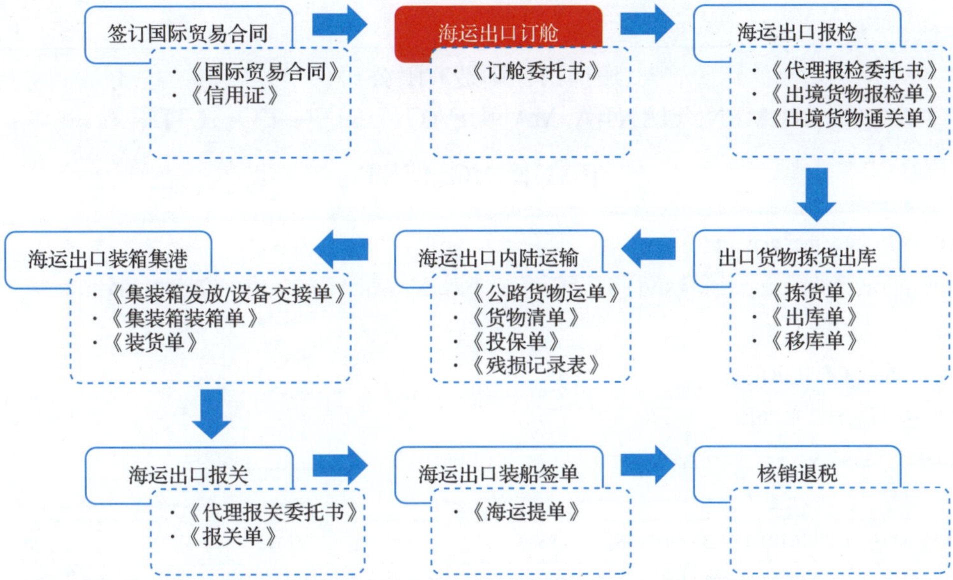

图 1-5　海运出口流程

任务目标

知识目标	（1）订舱委托书的含义； （2）订舱委托书的内容； （3）订舱委托书的填写要点
技能目标	（1）能够根据已有资料快速提取信息要点； （2）能够按照业务要求将提取的要点准确填入订舱委托书； （3）能够绘制货代订舱操作流程图
素养目标	（1）具备良好的沟通能力； （2）具有良好的团队合作精神； （3）具备一定的风险防范意识和良好的专业规范行为

任务展示

厦门翔龙国际物流有限公司（以下简称“厦门翔龙”）是一家中等级别且服务质量较

高的货代公司。厦门田佳制造有限公司（以下简称“厦门田佳”）委托厦门翔龙完成一批货物的出口代理操作。

附加信息如下。

厦门翔龙国际物流有限公司（XIAMEN XIANGLONG LOGISTICS CO.,LTD.）

地址：厦门海沧区大名路168号（168 DAMING ROAD,HAICANG DISTRICT, XIAMEN, CHINA）

电话：0592-521××××　　　　FAX：0592-521××××

其他要求为：

订CSAV公司的船，货物分为3张票报关，运输方式为DOOR TO DOOR。

本任务《装箱单》如图1-6所示，《发票》如图1-7所示。

厦门田佳制造有限公司

XIAMEN TIANJIA MANUFACTURING CO.,LTD.

PACKING LIST

TO：SALI NEW ENERGY LTD.

DIDUBE DISTRICT, DIGOMI MASIVI I BLOCK, BUILDING 12, APARTMENT 1. TBILISI 0159, GEORGIA

INV.NO.：MM-MAR160220

INV.DATE：FEB 12,2016

FROM：XIAMEN　　TO：POTI　　SHIPPED BY：______

MARKS&NOS.	DESCRIPTION OF GOODS	PKG	QTY	G.W.	N.W.	MEAS.
N/M	FUEL BATTERY	691CARTONS	6910SETS	14832.00KGS	14600.00KGS	23.15M^3

TATOL PACKAGES IN WORDS：SAY SIX HUNDRED AND NINETY-ONE CARTONS ONLY

TOTAL G.W./TOTAL N.W.：14832.00KGS/14600.00KGS

厦门田佳制造有限公司

XIAMEN TIANJIA MANUFACTURING CO.,LTD.

图1-6 《装箱单》

厦门田佳制造有限公司

XIAMEN TIANJIA MANUFACTURING CO.,LTD.

INVOICE

TO：SALI NEW ENERGY LTD.

DIDUBE DISTRICT, DIGOMI MASIVI I BLOCK, BUILDING 12, APARTMENT 1. TBILISI 0159, GEORGIA

INV.NO.: MM-MAR160220

INV.DATE: FEB.12.2016

S/C NO.: MM2016-PT096

FROM: XIAMEN　　TO: POTI　　SHIPPED BY: ______

MARKS&NOS.	DESCRIPTION OF GOODS	QUANTITY	UNIT PRICE	AMOUNT
N/M	FUEL BATTERY	6910SETS	US$48.00	US$331680.00

TATOL AMOUNT IN WORDS:SAY U.S. DOLLARS THREE HUNDRED AND THIRTY-ONE THOUSAND SIX HUNDRED AND EIGHTY ONLY

TOTAL G.W./TOTAL N.W.:14832.00KGS/14600.00KGS

TOTAL PACKAGES: 691CTNS

厦门田佳制造有限公司

XIAMEN TIANJIA MANUFACTURING CO.,LTD.

图 1-7　《发票》

张亮是厦门田佳的单证操作员，负责公司《订舱委托书》的制作，根据上述信息和所掌握的资料，张亮需要完成这张《订舱委托书》的制作。

任务准备

扫一扫

请扫描以下二维码，了解《订舱委托书》的含义及填制《订舱委托书》的注意事项。

任务执行

步骤一：准备订舱委托书相关资料

应查看《订舱委托书》中的信息包括发货人、收货人、通知人、装货港、目的港、货物描述、要求船期、注明运费及其他特殊要求等。

通过查阅相关资料，上述相关信息会在贸易合同，装货单，发票及信用证中列明。例如，发票号、货物最小包装数量、单价、总价等都可以从发票上获得。

通过对比分析，张亮将【任务展示】中的重要信息和《订舱委托书》中需要的信息逐一标出，以待后续使用时可以快速找到。

步骤二：认识订舱委托书各信息含义

为了完成订舱委托书的制作，张亮必须首先要了解《订舱委托书》上各项内容的含义。操作主管告诉张亮，国际货代相关单证、国际惯例是用大写英文形式，张亮在主管的指导下，通过查阅相关资料，了解到委托书各项内容含义如下。

（1）委托编号（舱位号）：单据编号，一般为提单号，在订舱确认时填写。

（2）发货人（SHIPPER）：填写出口商的英文名称和地址。

（3）收货人（CONGSIGNEE）：填写进口商的英文名称和地址。

（4）通知人（NOTIFY PARTY）：填写接收船方发出到货通知方的名称和地址。

（5）装货港（PORT OF LOADING）：填写销售确认书、信用证规定的货物的装货港。

（6）卸货港（PORT OF DISCHARGE）：填写销售确认书、信用证规定的货物的卸货港。

（7）唛头（SEALNO.MARKS &NOS）：填写多个集装箱编号，其他必须说明的事项也填在该栏内。

（8）箱数或件数（NO.OF CONTAINERS OR PKGS）：填写最大包装的箱数和件数。

（9）货名（DESCRIPTION OF GOODS）：填写货物的名称，格式为先写大写英文名称，再换行写中文名称，名称需与信用证中填写的一致。

（10）毛重（千克）（GROSS WEIGHT）：填写货物的毛重。

（11）体积（立方米）（MEASUREMENT）：填写所装货物的体积，不仅包括各种货物体积之和，还应包括件与件之间堆放时的空隙容量总和。

（12）运费支付（FREIGHT）：填写运费支付情况；如果是预付，则填写“FREIGHT PREPAID”；如果是到付，则填写“FREIGHT COLLECT”。

（13）海运运费（TOTAL PREPAID）：通常，海运会签订具体运输合同，运费会在合同中列明。

（14）正本提单签发的份数（NO.OF ORIGINAL B/L）：按照信用证规定，要求三份正本提单。

（15）装船期（DATE OF SHIPMENT）：格式为年、月、日 8 位数字。

（16）可否转船、可否分批：填写转船与分批信息。

（17）其他要求（REMARKS）：此处填写订舱要求，如运费、船期、集装箱数量与规格、是否可以转船运输和分批运输、提箱和送货日期等信息。

（18）运输方式（SERVICE TYPE）：运输方式根据发货地场、站、门和目的地场、站、门分情况组合，一共有 9 种方式，即 CY-CY，CY-CFS，CY-DOOR，CFS-CY，CFS-CFS，CFS-DOOR， DOOR-CY，DOOR-CFS，DOOR-DOOR。

（19）合同号（S/C NO.）：S/C NO. 为 SALES CONTRACT NO. 的简称，意为销售合同号。

（20）发票号（INV NO.）：为我国出口商给国外进口商开具的中英文销售发票的发票号码，该项可在发票上查到。

（21）信用证号码（L/C NO.）：该栏填写信用证号码。

（22）货物价格：根据销售合同的单价栏填写货物的价格。

（23）其他信息：其他如货证情况、随附单据等信息按照要求填写。

步骤三：填制订舱委托书

综合上述信息，张亮根据本任务中的相关信息填写完成的厦门翔龙要求的《订舱委托书》如图 1-8 所示。

订舱委托书

<table>
<tr><td rowspan="4">发货人（SHIPPER）</td><td colspan="4" rowspan="4">XIAMEN TIANJIA MANUFACTURING CO.,LTD.
NO.18，WEST FANGSHAN ROAD,XIANGAN,XIAMEN 361101</td><td>委托编号（D/R）：</td><td></td></tr>
<tr><td>合同号（S/C NO.）：</td><td>MM2016-PT096</td></tr>
<tr><td>发票号（INV NO.）：</td><td>MM-MAR160220</td></tr>
<tr><td>信用证号（L/C NO.）：</td><td>1256SL801161</td></tr>
<tr><td rowspan="2">收货人（CONGSIGNEE）</td><td colspan="4" rowspan="2">SALI NEW ENERGY LTD.
DIDUBE DISTRICT, DIGOMI MASIVI I BLOCK,BUILDING 12,APARTMENT 1.TBILISI 0159,GEORGI</td><td>装船期（DATE OF SHIPMENT）</td><td>20160301</td></tr>
<tr><td>运输方式（SERVICE TYPE）</td><td>DOOR-DOOR</td></tr>
<tr><td rowspan="4">通知人（NOTIFY PARTY）</td><td colspan="4" rowspan="4">SAME AS CONSIGNEE</td><td>可否转船</td><td>NO</td></tr>
<tr><td>可否分批</td><td>NO</td></tr>
<tr><td>货物价格</td><td>CIF POTI USD4.80/PC</td></tr>
<tr><td>货证情况</td><td></td></tr>
<tr><td>装货港（PORT OF LOADING）</td><td></td><td>XIAMEN,CHINA</td><td>卸货港（PORT OF DISCHARGE）</td><td>POTI,GEORGIA</td><td>运费支付（FREIGHT）</td><td>FREIGHT PREPAID</td></tr>
<tr><td>随附单据（ATTACHED DOCUMENTS）</td><td></td><td></td><td></td><td></td><td>提单份数（NO.OF ORIGINAL B/L）</td><td>THREE（3）</td></tr>
<tr><td>唛头（SEALNO. MARKS &NOS）</td><td></td><td>件数（NO.OF CONTAINERS OR PKGS）</td><td></td><td>货名（DESCRIPTION OF GOODS）</td><td>毛重（GROSS WEIGHT）</td><td>体积（MEASUREMENT）</td></tr>
</table>

图 1-8 填写完成的《订舱委托书》

N/M		691CARTONS		FUEL BATTERY 燃料电池	14832.00KGS	23.15M3
海运费及港口人民币费用（TOATL OCEAN FREIGHT CHARGES）						
其他要求（REMARK）	（1）订 CSAV 公司的船，货物分为 3 票报关 （2）一个 20 英尺普通集装箱 （3）提前 5 天在堆场提箱					
委托单位盖章：						

图 1-8　填写完成的《订舱委托书》（续）

任务评价

通过对上述任务的学习，教师可组织三方评价，并针对学生的任务执行情况进行点评。请学生扫描以下二维码，完成任务评价表的填写。

任务三 海运出口报检（代理报检委托书、出境货物报检单、出境货物通关单）

任务环节

海运出口共要经过 9 个流程环节，具体流程如图 1-9 所示。欢迎进入任务三，制作海运出口报检相关单据。

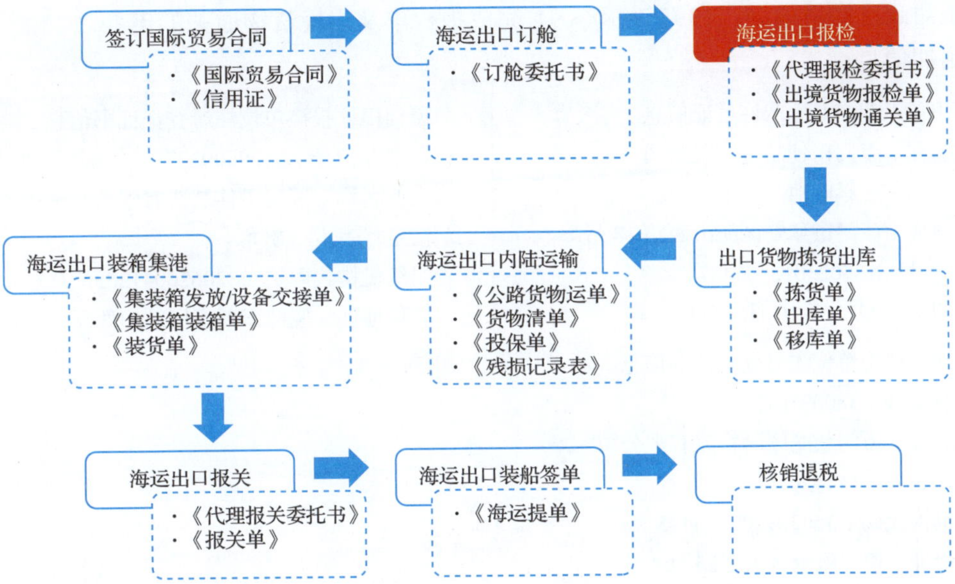

图 1-9 海运出口流程

任务目标

知识目标	（1）了解报检委托书、报检单、出境货物通关单在出口报检环节的作用； （2）掌握报检委托书、报检单、出境货物通关单的主要内容； （3）掌握报检委托书、报检单、出境货物通关单的填制规范
技能目标	（1）能够根据提示在相关网站寻找相关信息； （2）能够准备报检环节所需的全套单证； （3）能够准确填制报检委托书、报检单及出境货物通关单
素养目标	（1）具备良好的政策关注度； （2）具有良好的团队合作能力、沟通能力； （3）具备一定的风险防范意识和良好的专业规范行为

任务展示

厦门翔龙国际物流有限公司（以下简称“厦门翔龙”）客服部在 2016 年 2 月 14 日

收到厦门田佳制造有限公司（以下简称“厦门田佳”）的《订舱委托书》后，顺利向CSAV订到舱位，船名航次号为AGROS/709，使用1个20英尺普通集装箱，集装箱号为CBHU3202732。此时，厦门翔龙开始为这单货物的出口做进一步准备。根据中国法律规定，出口的货物需要先做报检才能再做报关，因此厦门田佳需要首先按照固定格式的《代理报检委托书》样式制作一份用于代理报检用的委托书给厦门翔龙，并请张亮（联系电话：1388876××××）于2016年2月15日完成这张《报检委托书》的制作。

厦门翔龙是商务部备案的一级国际货运代理有限公司。该公司主要承办进出口货物的海运、空运、铁海联运、多式联运等国际货物运输代理业务；可提供租船、订舱、配载、制单、报关、报检、海运保险、拖车、中转运输、海上直达、集装箱存贮和拆拼箱等全套货代服务。2016年2月15日，厦门翔龙客服将厦门田佳的《代理报检委托书》等相关资料转交至厦门翔龙货代部主管张静，张静安排报检客服王甜甜准备出口报检的相关单据，并请王甜甜（联系电话：1395599××××）完成报检单及出境货物通关的申办。

附加信息：

厦门田佳工业产品生产许可证信息：
单位名称：厦门田佳制造有限公司
产品名称：燃料电池
生产地址：厦门市翔安区舫山西路18号
证书编号：X3502-012-03467
有效期至：2017年10月25日

厦门翔龙报检单位注册登记证书信息：
注册登记号：3800910179
企业名称：厦门翔龙国际物流有限公司
法定代表人：林鑫龙
组织机构代码：350209200500423
单位地址：厦门海沧区大名路168号
报检区域：厦门出入境检验检疫局辖区

厦门田佳报检单位注册登记证书信息：
备案登记号：3800600327
企业名称：厦门田佳制造有限公司
法定代表人：胡龙
组织机构代码：350206200412536
单位地址：厦门市翔安区舫山西路18号

任务准备

扫一扫

请扫描以下二维码，了解海运出口报检的相关知识。

任务执行

步骤一：认识并制作《代理报检委托书》

张亮准备好箱单、发票、合同、信用证及双方公司的基本证件资料后，开始制作统一格式的《代理报检委托书》。张亮在主管的指导下，通过查阅相关资料，了解到《代理报检委托书》中各项内容的含义如下。

1. 编号

编号指报检单位收到业务委托后按照自身业务设立的流水号，目的是使业务有序。

2. 出入境检验检疫局

此处填写申请商检业务的检验检疫局所在城市。

3. 备案号 / 组织机构代码

备案号 / 组织机构代码指出口商（委托人）在检验检疫机构登记注册时的注册登记号，即备案号码。

4. 时间（年 / 月）

时间（年 / 月）指出口商品的时间，只需要填制年份和月份。

5. 品名

品名指被申请报检的出境货物名称，该名称应与国家检验检疫机构制定公布的《检验检疫商品目录》所列货物名称相符。其中，燃料电池的海关监管条件为 A/B，检验检疫类别代码为 M/N，所以此处填写“燃料电池”。

特别需要注意的是，当出口商品有许多种类，品名栏填写不下时，品名可简写。

6. HS 编码

HS 编码指出口货物按《商品分类及编码协调制度》中所列货物的编码。现在国家检验检疫局公布的《出入境检验检疫机构实施检验检疫的进出境商品目录》（下文简称《检验目录》）中也有对应的 HS 编码信息，按照现行规定，只有法检的货物才需要出口强制检验，而法检的货物均会包含在《检验目录》中，因此制作《报检委托书》时可根据《检验目录》的内容查找填写。

7. 数（重）量

数（重）量指申请检验检疫的出口货物的数量和净重，应与商业发票中一致，并应注明中文计量单位，重量保留两位小数。

8. 包装情况

包装情况指出口货物的最小运输单位的包装数量和包装单位，应并注明包装材质。

9. 信用证 / 合同号

信用证 / 合同号指贸易双方就本批货物所签订的书面信用证编号和贸易合同编号。

10. 许可文件号

许可文件号指各类许可审批类证书号，如出口的卫生备案证书、质量许可证、检疫注册证书、进口的检疫审批单号等；若无则填写“***”。

11. 进口货物收货单位及地址

进口货物收货单位及地址指进口货物的收货单位及地址的中文全称；若无则填写“***”。

12. 进口货物提 / 运单号

进口货物提 / 运单号指进口货物的提单号或运单号；若无则填写“***”。

13. 其他特殊要求

其他特殊要求指报检中的特殊要求；若无特殊要求则填写“无特殊要求”。

14. 特委托

此处应填写代理报检被委托单位的中文全称。

15. 代理报检注册登记号

代理报检注册登记号指代理报检受托单位的在检验检疫机构登记注册时的注册登记号，即备案号码。

16. 委托人信息

委托人信息包括联系人、联系电话、本委托书有效期至、委托人（加盖公章）、日期。

联系人指本业务操作中，负责委托方具体工作实施的人员姓名。

联系电话指本业务操作中，委托方具体业务联系人的电话。

本委托书有效期至指本次委托书的有效截止日期。通常一张委托书会对应一次业务。

委托人（加盖公章）指委托受托人的法人名称，填写后需加盖单位公章。

日期指填制该委托书的日期。

17. 受托人确认声明

受托人指接受发货人或其代理人委托的企业单位。受托人确认声明是受托人收到《代理报检委托书》后向委托人传达业务信息处于收到状态的一种证明。

联系人指本业务操作中，负责受托方具体工作实施的人员姓名。

联系电话指本业务操作中，受托方具体业务联系人的电话。

受托人（加盖公章）指受托人的法人名称，填写全称后需加盖单位公章。

日期指受托人确认声明的日期。货代公司为了更好地满足客户服务的要求，通常在收到《代理报检委托书》半个小时内给予确认声明。

在整理完上述信息后，张亮填写完成的《代理报检委托书》如图 1-10 所示。

代理报检委托书

编号：

厦门 出入境检验检疫局：

本委托人（备案号 / 组织机构代码 3800600327 ）保证遵守国家有关检验检疫法律、法规的规定，保证所提供的委托报检事项真实、单货相符。否则，愿承担相关法律责任。具体委托情况如下：

本委托人将于 2016 年 3 月间进口 / 出口如下货物：

品名	燃料电池	H.S. 编码	8507809010
数（重）量	6910 件 /14600.00 千克	包装情况	691 纸箱
信用证 / 合同号	1256SL801161/ MM2016-PT096	许可文件号	X3502-012-03467
进口货物收货单位及地址	***	进口货物提 / 运单号	***
其他特殊要求	无特殊要求		

特委托 厦门翔龙国际物流有限公司 （代理报检注册登记号 3800910179 ），代表本委托人办理上述货物的下列出入境检验检疫事宜：

1. 办理报检手续；
2. 代缴纳检验检疫费；
3. 联系和配合检验检疫机构实施检验检疫；
4. 领取检验检疫证单；
5. 其他与报检有关的相关事宜：

联 系 人：张亮

联系电话：1388876××××

本委托书有效期至：2016 年 3 月 15 号

委托人（加盖公章）厦门田佳制造有限公司

日 期： 2016 年 2 月 15 日

受托人确认声明

本企业完全接受本委托书。保证履行以下职责：

1. 对委托人提供的货物情况和单证的真实性、完整性进行核实；
2. 根据检验检疫有关法律法规规定办理上述货物的检验检疫事宜；
3. 及时将办结检验检疫手续的有关委托内容的单证、文件移交委托人或其指定的人员；
4. 如实告知委托人检验检疫部门对货物的后续检验检疫及监管要求。

如在委托事项中发生违法或违规行为，愿承担相关法律和行政责任。

联 系 人：王甜甜

联系电话：1395599××××

受托人（加盖公章）厦门翔龙国际物流有限公司

日 期： 2016 年 2 月 15 日

图 1-10 填写完成的《代理报检委托书》

在帮助张亮完成《代理报检委托书》的制作后，王甜甜开始了《中华人民共和国出入境检验检疫出境货物报检单》（以下简称《报检单》）及《中华人民共和国出入境货物通关单》（以下简称《出境货物通关单》）的填制工作。

步骤二：认识《出境货物报检单》

《报检单》是国家检验检疫部门根据检验检疫工作的需要，为保证检验检疫工作的规范化和程序化而制定的，因此所列各栏必须填写完整、准确、清晰，栏目内容无法填写的以“***”表示，不得留空，各项内容含义如下。

1. 报检单位（加盖公章）

报检单位（加盖公章）指向商检机构申请报检的单位名称全称，并加盖申请报检单位在商检机构备案的印章。

2. * 编号

在报检单中，带有一个“*”的项目，如“* 编号”，应由出入境检验检疫机关填写。出境货物报检单编号解析如图 1-11 所示。

此处的编号项目指报检系统正式受理报检时自动生成的 15 位报检号，前 6 位为检验检疫机构代码，第 7 位为报检类别代码，第 8、9 位为年度代码，第 10 位至第 15 位为流水号。

图 1-11　出境货物报检单编号解析

3. 报检单位登记号

报检单位登记号指报检单位在检验检疫机构备案或注册登记后取得的 10 位数代码。

4. 联系人

联系人指报检本批货物的报检员姓名。

5. 电话

电话指报检本批货物的报检员电话。

6. 报检日期

报检日期指商检机构接受报检单位报检的日期。在日常业务中，该栏一般是制单日期或电子数据发送的日期；在日常操作中，货代公司出于对业务操作时效和客户服务时效的考虑，会在收到委托单据的当天开始着手制作单据。

7. 发货人

发货人指外贸合同中的卖方，中文、外文名称均需填写全名。

8. 收货人

收货人是指外贸合同中的收货方，由于出境货物的收货人一般为国外公司，许多公司没有相对应的中文名称，因此，收货人中文一栏可填写“***”。

9. 货物名称（中 / 外文）

货物名称指录入 H.S. 编码条目名或货物的实际名称及规格，当为实际名称时则需与信用证上所列货物名称一致，中外文对应，格式为“中文名称 / 外文（大写）名称”；根据需要可填写型号、规格等信息，位置不够填写时可用附页的形式填报，超过 20 个品名后需分单报检。

10. H.S. 编码

H.S. 编码是指出口货物按《商品分类及编码协调制度》中所列货物的编码，以海关公布的商品税则编码分类为准。

11. 产地

产地是指填写本批货物生产或加工的省（自治区、直辖市）及地区（市）的中文名称。不同类型报检货物产地的填制要求见不同类型报检货物的产地表（见表 1-1）。

表 1-1　不同类型报检货物的产地表

报检货物类型	产　地
经过几个地区加工制造的货物	最后一个对货物进行实质性加工的地区
难以判定具体行政区名称的货物	中国
进口货物复出口	境外

12. 数 / 重量

数 / 重量指合同和发票上的货物数量和净重，注明中文单位且重量需保留两位小数。

13. 货物总值

货物总值指进出口货物实际成交的总价格，一般填写货物在合同、发票或报关单上所列的金额总值，格式为“数值 + 中文币名”，数值保留两位小数。

14. 包装种类及数量

包装种类及数量指本批货物运输包装的种类及数量，并注明包装材质。有多个 H.S. 编码时，要根据每个 H.S. 编码填写对应包装种类及数量。

15. 运输工具名称号码

运输工具名称号码指载运货物进出口所使用的运输工具的名称或运输工具编号，以及载运货物进出口的运输工具的航次编号，格式为“运输工具名称 / 航次号”；在出境货物报检业务中，一般只能初步确定运输工具种类，运输工具名称和号码还无法确定，因此，在填制报检单时，可只对运输工具类别进行填制，如“船舶”，而对于船名和航次号可填写“***”。

16. 贸易方式

贸易方式是指该批出口货物的交易方式。贸易方式的种类包括一般贸易、来料加工、进料加工、易货贸易、补偿贸易等，若系统内无对应贸易方式，则填写“其他非贸易性物品”“其他贸易性货物”等。

17. 货物存放地点

海运方式时货物存放地点为货物出境前的存放地点，目的是便于检验检疫。

18. 合同号

合同号是指本批货物出口的贸易合同编号。

19. 信用证号

信用证号是指本批货物出口贸易的信用证编号，若无信用证编号信息，则用“***”表示。

20. 用途

用途是指出口货物的实际用途，如种用、食用、奶用、观赏或演艺、伴侣、实验、药用、饲用、加工等。通常，用途明确的商品可不填。

21. 发货日期

发货日期是指出口货物预定装运发货的日期，日期均为8位数字，顺序为年（4位）、月（2位）、日（2位）。

22. 启运地

启运地是指出口货物的报关地，应填写报装运本批货物离境的报关口岸/城市（地区）名称。

23. 输往国家（地区）

输往国家（地区）是指外贸合同买方国家（地区），或合同注明的最终输往国家（地区）。对发生运输中转的货物，如中转地未发生任何商业性交易或再加工，则填写最终输往国家（地区）；如中转地发生商业性交易或再加工，则以中转地为输往国家（地区）进行填报。

24. 到达口岸

到达口岸是指货物到达境外运抵口岸的名称，即指货物最终卸离船舶的口岸为到达口岸。

25. 许可证/审批号

许可证/审批号指需办理加工单位注册登记、备案登记等许可证类手续的出口货物取得的相关许可证或审批的号码。

26. 生产单位注册号

生产单位注册号指生产本批货物的生产单位或加工单位在检验检疫机构备案登记的10位数代码。

27. 集装箱规格、数量及号码

集装箱规格、数量及号码是指装货集装箱的规格、数量及号码。例如，使用一个20英尺的普通集装箱，集装箱号为HLCU1234567，填写格式为“1×20'GP,

HLCU1234567”，注意应使用英文格式；若没有集装箱相关信息或非集装箱运输，则填写“***”。

28. 合同、信用证订立的检验检疫条款或特殊要求

合同、信用证订立的检验检疫条款或特殊要求指合同中特别订立的有关质量、卫生等条款或报检单位对本批货物检验检疫、出证等工作的特殊要求，商检机构制作证书的检验结果时会参考此处内容。若没有相应信息则该栏可留空。

29. 标记及号码

标记及号码专指货物的运输标志。此处填写本批货物标记号码（唛头）中除图形外的所有文字和数字，内容应与合同、提单、发票和货物实际状况保持一致。若没有标记号码，则填写“N/M”，而不能填写“***”。

30. 随附单据

随附单据是指报检企业实际向检验检疫机构提供的报检单据，在对应的“□”内划“√”或补填信息。

出口货物在报验时，一般应提供外贸合同（或售货确认书及函电）、信用证原件的复印件或副件，必要时提供原件及发票和装箱单。

凡属危险或法定检验范围内的商品，在申请品质、规格、数量、重量、安全、卫生检验时，必须提交商检机构签发的出口商品包装性能检验合格单证，商检机构凭此受理上述各种报验手续。

贸易方式为信用证方式时，“合同”“信用证”“发票”“装箱单”必须选择，其他贸易方式时则无须选择“信用证”。

31. 需要证单名称

需要证单名称指报检企业向检验检疫机构申请出具的证单，在对应的“□”内划“√”或补填信息，并注明所需证单的正副本数量，但最多不得超过一正二副。

32.* 检验检疫费

检验检疫费指对本批货物进行检验检疫应收取的费用。该栏下的“总金额”“计费人”“收费人”应由检验检疫机构填写。

33. 报检人郑重声明

报检人郑重声明是报检员对申报此批货物信息的确认。应由报检人员本人亲笔签名，不得盖印章。签名人应是取得《报检员证书》并负责办理本批货物报检手续的人员。

34. 领取证单

此处日期及签名指领取证单的报检员的亲笔签名和领取日期。

通过上述精心准备后，王甜甜根据本任务中的相关信息完成了《出境货物报检单》（如图 1-12 所示）的填写工作。

中华人民共和国出入境检验检疫
出境货物报检单

报检单位（加盖公章）：厦门翔龙国际物流有限公司 　　　　*编 号：＿＿＿＿＿＿

报检单位登记号：3800910179 联系人：王甜甜 电话：1395599×××× 报检日期：2016年2月15日

发货人	（中文）厦门田佳制造有限公司				
	（外文）XIAMEN TIANJIA MANUFACTURING CO.,LTD.				
收货人	（中文）赛丽新能源车（波蒂）有限公司				
	（外文）SALI NEW ENERGY LTD.				
货物名称（中 / 外文）	H. S. 编 码	产地	数 / 重量	货物总值	包装种类及数量
燃料电池 / FUEL BATTERY	8507809010	福建厦门	6910 件 /14600.00 千克	331680.00 美元	691 纸箱

运输工具名称号码	AGROS/709	贸易方式	一般贸易	货物存放地点	舫山西路 18 号
合同号	MM2016-PT096	信用证号	1256SL801161	用途	加工
发货日期	2016.03.01	输往国家（地区）	格鲁吉亚	许可证 / 审批号	X3502-012-03467
启运地	厦门	到达口岸	波蒂	生产单位注册号	3800600327
集装箱规格、数量及号码	1×20'GP，CBHU3202732				

合同、信用证订立的检验检疫条款或特殊要求	标 记 及 号 码	随附单据（打“√”或补填）	
	N/M	☑ 合同 ☑ 信用证 ☑ 发票 ☐换证凭单 ☑ 装箱单 ☐厂检单	☐包装性能结果单 ☐许可 / 审批文件 ☐ ☐ ☐ ☐

需要证单名称（打“√”或补填）				* 检验检疫费	
☐品质证书	＿正＿副	☐植物检疫证书	＿正＿副	总金额（人民币元）	
☐重量证书	＿正＿副	☐熏蒸 / 消毒证书	＿正＿副		
☐数量证书	＿正＿副	☐出境货物换证凭单		计费人	
☐兽医卫生证书	＿正＿副	☑ 出境货物通关单			
☐健康证书	＿正＿副	☐电子转单换证凭条			
☐卫生证书	＿正＿副	☐		收费人	
☐动物卫生证书	＿正＿副	☐			

报检人郑重声明：	领 取 证 单	
1. 本人被授报检。 2. 上列填写内容正确属实，货物无伪造或冒用他人的厂名、标志、认证标志，并承担货物质量责任。	日期	
签名：王甜甜	签名	

注：有“*”号栏由出入境检验检疫机关填写。

图 1-12 填写完成的《出境货物报检单》

步骤三：认识并申领《出境货物通关单》

在报检单制作完成后，主管张静告诉王甜甜，燃料电池的海关监管条件为A/B，检验检疫类别代码为M/N，属于法检货物，需要厦门检验检疫局出具《出境货物通关单》才能在后续的操作中办理报关手续。虽然报检单中“需要证单名称”处勾选了《出境货物通关单》，但是《出境货物通关单》仍然由报检企业填制，交由厦门检验检疫局审批签发，因此王甜甜还需要填制一张《出境货物通关单》交予厦门出入境检验检疫局。现在王甜甜开始搜集整理出境货物通关单填制的有关资料。

查阅厦门出入境检验检疫局网站后发现，与报检单相比，《出境货物通关单》一般在H.S.编码，申报总值，数/重量、包装数量及种类三栏的末行要分别打上表示结束的符号“************”，以防添加或伪造，下列是有关《出境货物通关单》的说明。

1. 编号

编号同报检单编号，指报检系统正式受理报检时自动生成的15位数的报检号，应由出入境检验检疫机关填写。

2. 发货人

发货人同报检单中发货人，指外贸合同中的卖方，填写中文名称即可。

3. 收货人

收货人同报检单中收货人，指外贸合同中的收货方，填写中文名称或英文名称均可。

4. 合同/信用证号

合同/信用证号同《出境货物报检单》中的合同/信用证号，填写格式为“合同号/信用证号”。

5. 输往国家或地区

输往国家或地区同《出镜货物报检单》中输往国家（地区），填报外贸合同中的买方国家或地区，或合同中注明的最终输往国家或地区。对发生运输中转的货物，如中转地未发生任何商业性交易或再加工，则填写最终输往国家或地区；如中转地发生商业性交易或再加工，则以中转地为输往国家或地区进行填写。

6. 标记及号码

标记及号码同《出境货物报检单》的标记及号码，指货物的运输标志，应填写本批货物标记号码（唛头）中除图形以外的所有文字和数字，且应与合同、提单、发票和货物实际状况保持一致。若没有标记号码，则填“N/M”。

7. 运输工具名称及号码

运输工具名称及号码同《出境货物报检单》的运输工具名称号码，指载运货物进出口所使用的运输工具的名称或运输工具编号，以及载运货物进出口的运输工具的航次编号，格式为“运输工具名称/航次号”。

8. 发货日期

发货日期同《出境货物报检单》的发货日期，指出口货物预定装运发货的日期，日期均为 8 位数字，顺序为年（4 位）、月（2 位）、日（2 位）。

9. 集装箱规格及数量

集装箱规格及数量指装货集装箱的规格、数量及号码。例如，使用一个 20 英尺的普通集装箱，集装箱号为 HLCU1234567，填写格式为“1×20'GP，HLCU1234567”，符号注意使用英文格式；若没有集装箱相关信息或非集装箱运输，则填写“***”。

10. 货物名称及规格

货物名称及规格指录入 H.S. 编码条目名或货物的实际中文名称及规格，当为实际名称时则需与信用证上所列货物名称一致，根据需要可填写型号、规格等信息，位置不够填写时可用附页的形式填报，超过 20 个品名后需分单报检。

11. H.S. 编码

H.S. 编码是指出口货物按《商品分类及编码协调制度》中所列货物的编码，以海关公布的商品税则编码分类为准。

12. 申报总值

申报总值指进出口货物实际成交的总价，一般填写货物在合同、发票或报关单上所列的金额总值，格式为“数值 + 中文外币名”，数值保留两位小数。

13. 数 / 重量、包装数量及种类

数 / 重量、包装数量及种类货物的实际成交数量、净重、包装数量和包装的材质，每项中间用“/”隔开，重量保留两位小数。

14. 通关单有效期

通关单有效期指本《出境货物通关单》的有效期截止日期，应由商检机构填写。从《出境货物通关单》签发之日起算，一般货物为 60 天；植物和植物产品为 21 天，北方冬季可适当延长至 35 天；鲜活类货物一般为 14 天；检验检疫机构有其他规定的，以《出境货物通关单》标明的有效期为准。

15. 签字

同报检单的联系人一样，签字是指报检本批货物的报检员姓名。

16. 日期

同报检单的报检日期，日期指商检机构接受报检单位报检的日期。

17. 备注

同报检单的合同、信用证订立的检验检疫条款或特殊要求项，备注指合同中特别订立的有关质量、卫生等条款或报检单位对本批货物检验检疫、出证等工作的特殊要求，商检机构制作证书的检验结果内容时会参考此处内容。若没有需要备注的内容，则该栏可留空。

在整理完上述信息后，王甜甜填写完成的《出境货物通关单》如图 1-13 所示。

中华人民共和国出入境检验检疫
出境货物通关单

编号：

<table>
<tr><td colspan="3">发货人
厦门田佳制造有限公司</td><td rowspan="4">标记及号码
N/M</td></tr>
<tr><td colspan="3">收货人
赛丽新能源车（波蒂）有限公司</td></tr>
<tr><td>合同 / 信用证号</td><td colspan="2">输往国家或地区</td></tr>
<tr><td>MM2016-PT096/1256SL801161</td><td colspan="2">格鲁吉亚</td></tr>
<tr><td>运输工具名称及号码</td><td colspan="2">发货日期</td><td>集装箱规格及数量</td></tr>
<tr><td>AGROS/709</td><td colspan="2">2016.03.01</td><td>1×20′GP，CBHU3202732</td></tr>
<tr><td>货物名称及规格</td><td>H.S. 编码</td><td>申报总值</td><td>数 / 重量、包装数量及种类</td></tr>
<tr><td>燃料电池 /
FUEL BATTERY</td><td>8507809010
********************</td><td>331680.00 美元
*******************</td><td>6910 件 /14600.00 千克 /691 纸箱
*****************</td></tr>
<tr><td colspan="4">上述货物业经检验检疫，请海关予以放行。
本通关单有效期至　　年　月　日

签字：王甜甜　　　　　　　　日期：2016 年 2 月 15 日</td></tr>
<tr><td colspan="4">备注</td></tr>
</table>

图 1-13　填写完成的《出境货物通关单》

任务评价

通过对上述任务的学习，教师可组织三方评价，并针对学生的任务执行情况进行点评。请学生扫描以下二维码，完成任务评价表的填写。

任务四 出口货物拣货出库（拣货单、出库单、移库单）

任务环节

海运出口共要经过9个流程环节，具体流程如图1-14所示。欢迎进入任务四，制作《拣货单》《出库单》《移库单》。

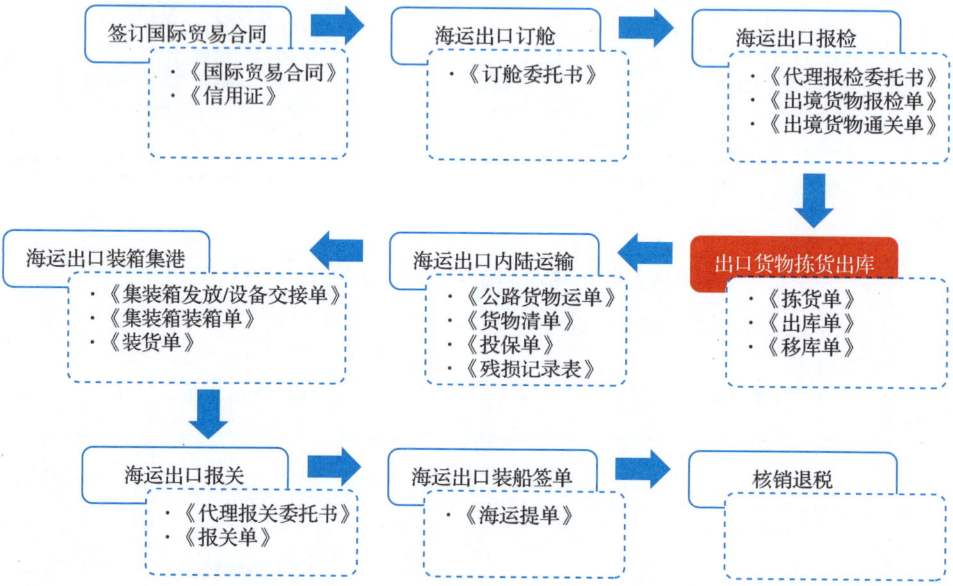

图1-14 海运出口流程

任务目标

知识目标	（1）了解《拣货单》的含义和填写要点； （2）掌握《出库单》的内容； （3）掌握《移库单》的含义和填写要点
技能目标	（1）能够根据已有资料快速提取信息要点； （2）能够根据先入先出的出库原则进行拣货，并正确填写《拣货单》； （3）能够准确填制《出库单》《移库单》
素养目标	（1）具备良好的沟通能力； （2）具有良好的团队合作精神； （3）具备一定的风险防范意识和良好的专业规范行为

任务展示

2016年2月17日，厦门田佳制造有限公司仓储部收到厦门翔龙国际物流有限公司的

《发货通知单》，《发货通知单》的具体信息如图 1-15 所示。

厦门翔龙国际物流有限公司
发货通知单

发货通知单号：XMTJ20160217001
收货客户：厦门翔龙国际物流有限公司　收货地址：厦门海沧区大名路 168 号
收货人：王甜甜　收货人电话：1395599××××
发货日期：2016 年 02 月 18 日
发货仓库：厦门田佳制造有限公司
仓库地址：厦门市翔安区舫山西路 18 号　仓库类别：自营仓库
仓库联系人：张亮　仓库联系人电话：1388876××××

序号	货品编码	货品名称	规格（单位：mm）	单位	计划数量	备注
1	501103	燃料电池	1320×150×830	箱	691	
				合计	691	

制单人：张亮　　审核人：王洋　　第 1 页 共 1 页

图 1-15　《发货通知单》

2016 年 2 月 17 日，张亮核实发货信息后，按《发货通知单》上的信息填制《拣货单》，并将《拣货单》交给拣货作业人员赵峰。

补充信息：该次出库作业中，出库单号为 XMTJ000000174；仓库编号为 CK003。

目前，《出库货物库存情况表》如表 1-2 所示。

表 1-2　《出库货物库存情况表》

库区	货位	货品编号	货品名称	规格（单位：mm）	单位	库存数量	批次	入库日期
C00011	A10300	501103	燃料电池	1320×150×830	箱	700	20160120	2016-01-31
C00011	A00108	501103	燃料电池	1320×150×830	箱	700	20160131	2016-02-02

在完成出库作业后，根据货物出入库的频率对托盘存储区的货物进行了优化管理，以提高出入库速度和工作效率。制定移库计划，将托盘货架区 C00011-A00108 的名称为燃料电池（条码为 9787883203872，数量为 700 箱）的货物移至托盘货架区 C00011-A10300。

根据以上信息，王亮需要完成《拣货单》《出库单》《移库单》的填制。

任务准备

扫一扫

请扫描以下二维码，了解出口货物拣货出库的相关知识。

任务执行

步骤一：认识并填制拣货单

张亮准备好《发货通知单》《出库货物库存情况表》后，开始制作《拣货单》。张亮在主管的指导下，通过查阅相关资料，了解到《拣货单》的各项内容含义如下。

1. 作业单号

作业单号应按照实际单号填写（不同公司的单号编写规则不一样）。

2. 货主名称

货主名称填写需要出库的该批货物的所有人实际名称。

3. 出库单号

出库单号填写该批货物《出库单》上的编号。

4. 仓库编号

仓库编号填写实施拣货的仓库的编号。

5. 制单日期

制单日期填写制单当天的日期。

6. 序号

序号从数字“01”开始按顺序填写。

7. 库区、储位

货物一般都会根据需要摆放在不同的库区和储位，所以库区和储位应按照实际存放情况填写。

8. 货品编号、货品名称、规格、单位、应拣数量

货品编号、货品名称、规格、单位、应拣数量按照所拣货物的实际情况填写。

9. 实拣数量

由拣货组拣货员将货物拣取下架后填上实际拣取货物数量。

10. 备注

如无特殊说明则无须填写备注。

11. 制单人

制单人应填写实际制单人的姓名。

12. 拣货人

拣货组拣货员拣取完毕，确认数量后在“拣货人”处签名。

在整理完上述信息后，张亮填写完成的《拣货单》如图 1-16 所示。

拣货单

作业单号：XMTJ0020160217007

货主名称		厦门田佳制造有限公司			出库单号		XMTJ000000174		
仓库编号		CK003			制单日期		2016-02-17		
货 品 明 细									
序号	库区	储位	货品编号	货品名称	规格（单位：mm）	单位	应拣数量	实拣数量	备注
01	C00011	A10300	501103	燃料电池	1320×150×830	箱	691		
						合计	691		
制单人：张亮					拣货人：				

图 1-16 填写完成的《拣货单》

步骤二：认识并填制出库单

在完成《拣货单》的制作后，开始进行《出库单》的制作。同样，在完成该步前，首先来认识一下《出库单》。

1. 库单号

库单号按照实际单号填写（不同公司的单号编写规则不一样）。

2. 货主名称

货主名称填写需要出库的该批货物所有人的实际名称。

3. 发货通知单号

发货通知单号填写《发货通知单》的编号，单上有相对应的编号。

4. 收货客户

收货客户填写实际收取该批货物的公司名称。

5. 发货日期

发货日期填写《发货通知单》上客户要求的发货日期。

6. 收货地址、收货人、收货人电话

收货地址、收货人、收货人电话填写实际收货地址、收货人姓名、收货人电话（发货通知单上有相应的信息）。

7. 货品编号、货品名称、规格、单位、计划数量

货品编号、货品名称、规格、单位、计划数量应按照发货通知单上的信息准确填写。

8. 实际数量

实际数量应按照出库检验时的实际数量填写。

9. 收货人签收数量

收货人收到货物，清点数量后填写收货人签收数量。

10. 备注

如无特殊说明，则无须填写备注。

11. 制单人

实际制单人填写本人姓名。

12. 仓管员

出库货物所在仓库的仓管员填写本人姓名。

13. 收货人

收货人填写本人姓名。

在整理完上述信息后，张亮填写完成的《出库单》如图 1-17 所示。

出库单

出库单号：XMTJ000000174

<table>
<tr><td>货主名称</td><td colspan="3">厦门田佳制造有限公司</td><td colspan="2">发货通知单号</td><td colspan="3">XMTJ20160217001</td></tr>
<tr><td>收货客户</td><td colspan="3">厦门翔龙国际物流有限公司</td><td colspan="2">发货日期</td><td colspan="3">2016-02-18</td></tr>
<tr><td>收货地址</td><td colspan="2">厦门海沧区大名路 168 号</td><td>收货人</td><td colspan="2">王甜甜</td><td>收货人电话</td><td colspan="2">1395599××××</td></tr>
<tr><td>货品编号</td><td>货品名称</td><td>规格
（单位：mm）</td><td>单位</td><td>计划数量</td><td>实际数量</td><td>收货人签收数量</td><td colspan="2">备注</td></tr>
<tr><td>501103</td><td>燃料电池</td><td>1320×150×830</td><td>箱</td><td>691</td><td>691</td><td></td><td colspan="2"></td></tr>
<tr><td></td><td></td><td></td><td></td><td></td><td></td><td></td><td colspan="2"></td></tr>
<tr><td></td><td></td><td></td><td></td><td></td><td></td><td></td><td colspan="2"></td></tr>
<tr><td></td><td></td><td></td><td></td><td></td><td></td><td></td><td colspan="2"></td></tr>
<tr><td colspan="3">制单人：张亮</td><td colspan="3">仓管员：王洋</td><td colspan="3">收货人：</td></tr>
</table>

图 1-17　填写完成的《出库单》

步骤三：填制移库单

在完成出库作业后，张亮根据货物出入库的频率对托盘存储区的货物进行了优化管理，以提高出入库速度和工作效率。随后，张亮开始精心制订移库计划，填写《移库单》。

1. 编号

编号指该移库单的编号（不同公司的单号编写规则不一样）。

2. 制单日期

制单日期指移库任务的下达日期。

3. 发货仓库名称

发货仓库名称指该移库作业的源位置。

4. 收货仓库名称

收货仓库名称应填写该移库作业的移入位置。

5. 货品编号、货品名称、单位、请发数量

货品编号、货品名称、单位、请发数量按实际填写。

6. 实发数量

移库的负责人在完成移库作业后签字，并填写实际移库的数量。

7. 实收数量

收货仓库的负责人在收到货物后签字，并填写实际收到货物的数量。

8. 制单人

实际制单人填写本人姓名。

9. 出库人

移库负责人签名确认。

10. 执行日期

执行日期应填写执行移库任务的日期。

11. 收货人

收货仓库负责人签名确认。

12. 收货日期

收货日期应填写收货仓库实际收到移库货物的日期。

在整理完上述信息后，张亮填写完成的《移库单》如图 1-18 所示。

移库单					
发货仓库名称：C00011-A00108		收货仓库名称：C00011-A10300		编号：XMTJ110215 制单日期：2016-02-18	
货品编号	货品名称	单位	请发数量	实发数量	实收数量
501103	燃料电池	箱	700		
发货仓库填写			收货仓库填写		
制单人	张亮		收货人		
出库人	王洋				
执行日期	2016-02-19		收货日期		

图 1-18 填写完成的《移库单》

任务评价

通过上述任务学习，教师可组织三方评价，并针对学生的任务执行情况进行点评。请学生扫描以下二维码，完成任务评价表的填写。

任务五 海运出口内陆运输（公路货物运单、货物清单、投保单、残损记录表）

任务环节

海运出口共要经过9个流程环节，具体流程如图1-19所示。欢迎进入任务五，制作《公路货物运单》《货物清单》《投保单》《残损记录表》。

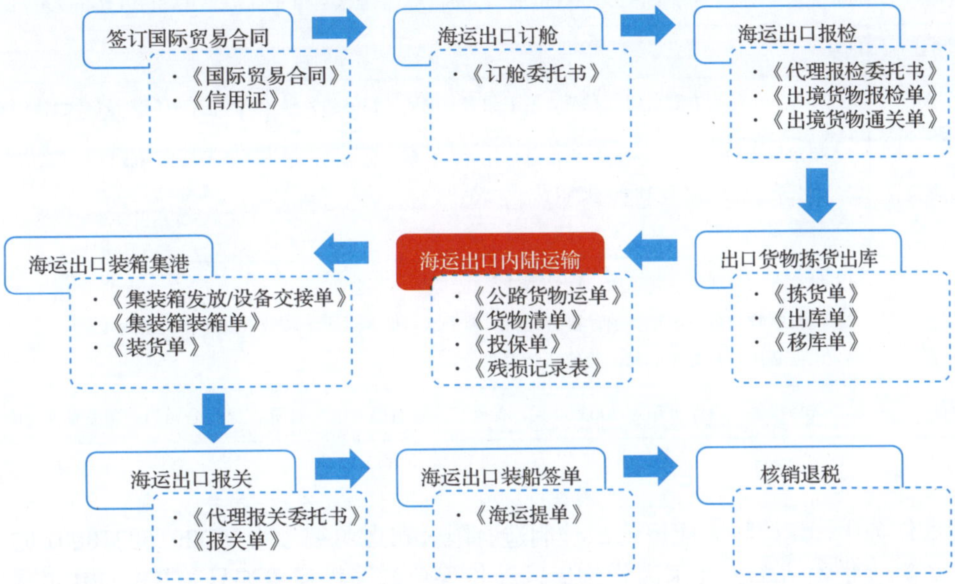

图1-19 海运出口流程

任务目标

知识目标	（1）了解《公路货物运单》的含义和填写要点； （2）掌握《货物清单》《投保单》的内容； （3）掌握《残损记录表》的含义和填写要点
技能目标	（1）能够根据已有资料快速提取信息； （2）能够准确填制《公路货物运单》《货物清单》《投保单》； （3）能够根据实际情况处理残损事故，并正确填写《残损记录表》
素养目标	（1）具备良好的应变能力； （2）具有良好的团队合作精神； （3）具备一定的风险防范意识和良好的专业行为规范

任务展示

2016 年 2 月 18 日上午，厦门翔龙国际物流有限公司业务部袁婷承接了厦门田佳制造有限公司的托运业务，《托运订单》详细信息如图 1-20 所示。

托运订单	
托运单号	TYD20150820104
托运人	厦门田佳制造有限公司（联系人：张亮；电话：1388876××××；地址：厦门市翔安区舫山西路 18 号；客户账号：KHWL005）
托运货物	691 箱燃料电池（规格：1320mm×150mm×830mm / 箱；重量：40 千克 / 箱；体积：0.164m³/ 箱）
包装方式	纸箱
收货人	厦门翔龙国际物流有限公司（联系人：王甜甜；电话：1395599××××；地址：厦门海沧区大名路 168 号）
托运要求	（1）要求取货和送货，取货地联系信息与托运人联系信息相同，送货地联系信息与收货人联系信息相同。 （2）2016 年 02 月 18 日 18:00 前到货。 （3）要求签字回单
结算	（1）结算方式：现结，托运人一次性结清。 （2）此批货物为重货，运费的计算公式为：吨千米运价 × 运距 × 吨数（吨千米运价为 1.6 元）。 （3）取派费用总共为 100 元，其他杂费为 30 元
投保	客户选择投保，投保金额为 200 000 元，保险费率按货值 0.05% 计算，保险公司为中国太平洋保险公司

图 1-20 《托运订单》

在本任务中，袁婷将完成厦门田佳制造有限公司运单编号为 YD20160218001 的《公路货物运单》《货物清单》《国内货物运输险投保单》（投保单编号为 TBD20160218009、发票号码为 20160218001）的填制。安排司机李立驾驶车牌号为闽 D39970 的货车进行取货作业。

2016 年 2 月 18 日 18:00，由厦门翔龙国际物流有限公司运输的货物送达厦门翔龙国际物流有限公司仓库。厦门翔龙国际物流有限公司收货人王甜甜在验收货物时发现有 3 箱燃料电池包装破损，造成货物不能正常销售，每箱货物价值 300 元人民币，预估算损坏货物价值 900 元人民币。王甜甜将货损情况反应到厦门翔龙国际物流有限公司（总部），厦门翔龙国际物流有限公司总部的李顺确认货损，并形成货损报告，并向厦门田佳制造有限公司做出赔偿。厦门翔龙国际物流有限公司客服人员刘媛马上对该批货物进行调查，并填制编号为 CS2016021803 的残损记录表。

任务准备

扫一扫

请扫描以下二维码，了解海运出口内陆运输的相关知识。

任务执行

步骤一：认识并缮制《公路货物运单》

袁婷根据托运订单信息，开始制作《公路货物运单》。袁婷在主管的指导下，通过查阅相关资料，了解到《公路货物运单》的各项内容含义如下。

1. 运单编号

应按照实际单号填写运单编号。

2. 托运人姓名、电话、单位、托运人详细地址、邮编

按实际情况详细填写托运人的信息。

3. 托运人账号

结算方式为月结的，必须填写有效的托运人银行账号；其他情况（如现结），该栏目为空。

4. 收货人姓名、电话、单位、收货人详细地址、邮编

按实际情况详细填写收货人的信息。

5. 收货人账号

收货人账号是指收货人支付费用时，应填写有效的托运人银行账号；否则该栏目为空。

6. 取货地联系人姓名、电话、单位、取货地详细地址、邮编

按实际情况详细填写取货地联系人的信息。

7. 送货地联系人姓名、电话、单位、送货地详细地址、邮编

按实际情况详细填写送货地联系人的信息。

8. 始发站、目的站

始发站和目的站应填写城市名称。

9. 运距

运距应填写始发站到目的站的里程，此处可以通过网上查询或查询里程表得出运距。

10. 路由

路由应填写货物的行走路线，按以下格式填写。

无须中转（不更换运输工具）的运单	始发站－目的站，如厦门－北京
需要中转（更换运输工具）的运单	始发站－中转站－目的站，如厦门－深圳－南宁

11. 起运日期

需要取货的运单起运日期填写取货时间，否则填写托运人自行送站时间。

12. 取货人签字、签字时间

该栏由实际取货的工作人员签字并填写时间。

13. 托运人或代理人签字或盖章、签字时间

该栏由托运业务办理工作人员签字，或者由托运单位盖章并填写时间。

14. 送货人签字、签字时间

该栏由实际送货的工作人员签字并填写时间。

15. 收货人或代理人签字或盖章、签字时间

该栏由实际收货人或代理人签字或盖章，并填写时间。

16. 货物名称、包装方式、件数、计费重量、体积

该栏按货物的实际情况填写货物的全称、外包装方式、实际总件数、实际总重量和实际总体积。

17. 取 / 送货费

该栏填写取货费用和送货费用的合计，无取 / 送货费的，该栏目为空。

18. 杂费

杂费应精确到元（人民币），无杂费时，该栏目为空。

19. 费用小计

该栏填写运费、取 / 送货费、杂费的合计。

20. 备注

如无特殊说明则无须填写备注。

21. 投保金额、保险费

该栏按实际投保金额、保险费填写。

22. 运杂费合计

该栏填写费用小计、保险费的合计。

23. 付费账号

结算方式为月结的，该栏必须填写有效的托运人或收货人付费账号；其他情况（如现结），该栏目为空。

24. 制单人

该栏填写初次填写单据的工作人员姓名。

25. 受理日期

需要取货的运单需填写取货时间，否则填写制单时间。

26. 受理单位

该栏填写制单人所在工作单位的名称。

通过上述精心准备后，袁婷根据具体信息完成了《公路货物运单》（如图 1-21 所示）的填写工作。

公路货物运单

运单编号：YD20160218001

托运人姓名	张亮	电话	1388876××××	收货人姓名	王甜甜	电话	1395599××××
单位	厦门田佳制造有限公司			单位	厦门翔龙国际物流有限公司		
托运人详细地址	厦门市翔安区舫山西路 18 号			收货人详细地址	厦门海沧区大名路 168 号		
托运人账号		邮编		收货人账号		邮编	
取货地联系人姓名	张亮	单位	厦门田佳制造有限公司	送货地联系人姓名	王甜甜	单位	厦门翔龙国际物流有限公司
电话	1388876××××	邮编		电话	1395599××××	邮编	
取货地详细地址	厦门市翔安区舫山西路 18 号			送货地详细地址	厦门海沧区大名路 168 号		
始发站	厦门	目的站	厦门	起运日期	2016 年 02 月 18 日 11:30	要求到货日期	2016 年 02 月 18 日 18:00
运距（单位：KM）	90			是否取送：☑ 取货 ☑ 送货		是否需要回执：☐否 ☐运单 ☐客户单据	
路由	厦门—厦门						

货物名称	包装方式	件数	计费重量（单位：KG）	体积（单位：M^3）	
燃料电池	纸箱	691	14832	23.15	取货人签字：李立 2016 年 02 月 18 日 11 时 00 分
					托运人或代理人签字或盖章：张亮 2016 年 02 月 18 日 11 时 00 分
合计		691	14832	23.15	送货人签字：李立 2016 年 02 月 18 日 11 时 30 分
收费项	运费	取 / 送货费	杂费	费用小计	收货人或代理人签字或盖章：王甜甜 2016 年 02 月 18 日 18 时 00 分
费用金额（单位：元）	13478.8	100	30	13478.8	

图 1-21 填写完成的《公路货物运单》

客户投保声明	是否投保：☑是 □否					备注：			
	投保金额		200000	保险费	100				
运杂费合计（大写）			壹万叁仟伍佰柒拾捌元捌角						
现结	√	月结		预付款（元）	13578.8	到付（元）		付款账号	
制单人	袁婷		受理日期	2016年02月18日 11:00		受理单位		厦门翔龙国际物流有限公司	

图 1-21　填写完成的《公路货物运单》（续）

步骤二：认识并填制《货物清单》

在完成《公路货物运单》的填写后，开始进行《货物清单》的制作之旅。在完成该步骤前首先来认识一下《货物清单》。

1. 起运地点

该栏根据实际情况填写运输的起始地点。

2. 运单号

该栏根据实际情况填写运输该批货物的公路货物运单号。

3. 装货人姓名

该栏填写实际的装车操作人员的姓名。

4. 装货日期

该栏填写实际的装货日期。

5. 货物名称、包装方式、单位、数量、重量、体积、保价价格

这些信息根据实际情况填写。

6. 备注

如无备注说明，则该栏为空。

7. 托运人（签字或盖章）

该栏根据实际情况，由托运人签字或盖章。

8. 承运人（签字或盖章）

该栏根据实际情况，由承运人签字或盖章。

9. 日期

该栏填写托运（承运）的实际日期。

通过上述精心准备后，袁婷完成了《货物清单》（如图 1-22 所示）的填写工作。

<table>
<tr><th colspan="8">货物清单</th></tr>
<tr><td colspan="5">起运地点： 厦门</td><td colspan="3">运单号：YD20160218001</td></tr>
<tr><td colspan="5">装货人姓名：张亮</td><td colspan="3">装货日期：2016 年 2 月 18 日</td></tr>
<tr><td>序号</td><td>货物名称</td><td>包装方式</td><td>单位</td><td>数量（单位：箱）</td><td>重量（单位：KG）</td><td>体积 长 × 宽 × 高（单位：CM）</td><td>保价价格（单位：元）</td></tr>
<tr><td>01</td><td>箱燃料电池</td><td>纸箱</td><td>箱</td><td>691</td><td>14832</td><td>23150</td><td>200000</td></tr>
<tr><td></td><td></td><td></td><td></td><td></td><td></td><td></td><td></td></tr>
<tr><td></td><td></td><td></td><td></td><td></td><td></td><td></td><td></td></tr>
<tr><td></td><td></td><td></td><td></td><td></td><td></td><td></td><td></td></tr>
<tr><td></td><td></td><td></td><td></td><td></td><td></td><td></td><td></td></tr>
<tr><td></td><td></td><td></td><td></td><td></td><td></td><td></td><td></td></tr>
<tr><td>备注</td><td colspan="7"></td></tr>
<tr><td colspan="4">托运人（签字或盖章）张亮</td><td colspan="4">承运人（签字或盖章）李立</td></tr>
<tr><td colspan="4">日期： 2016 年 2 月 18 日</td><td colspan="4">日期： 2016 年 2 月 18 日</td></tr>
<tr><td colspan="8">注：凡不属于同一货名、同一规格、同一包装的货物，在一张货物运输单不能逐一填写的，可填写《货物清单》</td></tr>
</table>

图 1-22 填写完成的《货物清单》

步骤三：填制投保单

在完成《货物清单》的填写后，开始进行《投保单》的制作之旅。在完成该步骤前首先来认识一下《国内货物运输险投保单》（简称《投保单》）。

1. 编号

编号应按照实际单号填写（每个公司的单号编写规则都不一样）。

2. 被保险人

被保险人应为被保险的单位全称。

3. 标记或发票号码

该栏按照实际的标记或发票号码填写。

4. 保险货物名称、件数

应根据实际情况填写保险货物的实际名称、件数。

5. 提单或通知单号次

该栏填写运输该保险货物的公路货物运单单号。

6. 投保金额

该栏应根据实际的投保金额填写。

7. 运输工具（及转载工具）

运输工具（及转载工具）应与调度安排的运输工具（及转载工具）规格一致。

8. 赔款偿付地点

赔款偿付地点应根据实际情况填写。

9. 运输路线

应根据实际情况填写运输路线，未有转载地点的则填“无”。

10. 基本险、附加险、基本险费率（%）、附加险费率（%）

以上信息应根据实际情况填写，无此类保险的则无须填写。

11. 投保单位（签章）

根据实际情况填写承运方名称，即投保单位名称。

12. 投保时间

该栏由客服人员填写制单时间。

通过上述精心准备后，袁婷完成了《国内货物运输险投保单》（如图 1-23 所示）的填写工作。

<table>
<tr><td colspan="9">国内货物运输险投保单</td></tr>
<tr><td colspan="9">编号：TBD20160218009</td></tr>
<tr><td colspan="9">我处下列货物拟向你处投保国内货物运输保险：</td></tr>
<tr><td colspan="2">被保险人</td><td colspan="7">厦门田佳制造有限公司</td></tr>
<tr><td colspan="2">标记或发票号码</td><td colspan="2">保险货物名称</td><td colspan="2">件数</td><td colspan="2">提单或通知单号次</td><td>投保金额</td></tr>
<tr><td colspan="2">20160218001</td><td colspan="2">燃料电池</td><td colspan="2">691</td><td colspan="2">YD20160218001</td><td>200000</td></tr>
<tr><td colspan="2"></td><td colspan="2"></td><td colspan="2"></td><td colspan="2"></td><td></td></tr>
<tr><td>运输工具（及转载工具）</td><td>货车
闽 D39970</td><td colspan="5">约于 2016 年 2 月 18 日 起运</td><td>赔款偿付地点</td><td>厦门</td></tr>
<tr><td>运输路线</td><td>自</td><td>厦门</td><td>经</td><td></td><td>到</td><td>厦门</td><td>转载地点</td><td>无</td></tr>
<tr><td rowspan="2">投保险别</td><td colspan="2">基本险</td><td colspan="2">附加险</td><td colspan="2">基本险费率（%）</td><td colspan="2">附加险费率（%）</td></tr>
<tr><td colspan="2">200000</td><td colspan="2"></td><td colspan="2">0.05%</td><td colspan="2"></td></tr>
<tr><td colspan="3">投保单位（签章）</td><td colspan="6">厦门翔龙国际物流有限公司</td></tr>
<tr><td colspan="3">投保时间</td><td colspan="6">2016 年 2 月 18 日</td></tr>
</table>

图 1-23 填写完成的《国内货物运输险投保单》

步骤四：填制《残损记录表》

货物到达后，由厦门翔龙国际物流有限公司的刘媛对该批货物进行检查。经检查后发现货物有残损，因此由刘媛开始填写《残损记录表》。在完成该步骤前，首先来认识一下《残损记录表》。

1. 编号

该栏按照实际单号填写编号。

2. 填报人

该栏填写检查货损情况的人员姓名。

3. 站点

站点应填写出发站。

4. 路由

路由应填写发货站到收货站，如厦门—北京。

5. 发现时间

该栏填写发现残损货物的具体时间。

6. 运单号

该栏填写发生残损货物的运单号。

7. 车号

该栏填写装运残损货物的车辆的车牌号。

8. 施封检查

该栏填写到站后的施封检查人员的姓名。

9. 预估价值

该栏填写残损货物的预估价值。

10. 残损件数

该栏填写残损货物的件数。

11. 操作环节

该栏填写造成残损原因的物流环节。货物运输的物流环节包括装车、在途运输、卸载、搬运。

12. 责任人

该栏填写造成货物残损的责任人。

13. 货物残损状况

该栏填写造成货物残损的原因及货物残损的具体情况。

14. 调查人

该栏填写调查货物残损事故的负责人的姓名。

15. 报告人

该栏填写提供具体货物残损报告的人员的姓名。

16. 解决措施

该栏填写解决货物残损事故的具体办法。

17. 实施部门

该栏填写实施货物残损解决方法的站点。

18. 负责人（解决措施栏）

该栏填写实施货物残损解决方法的具体负责人的姓名。

19. 日期（解决措施栏）

该栏填写制单日期。

20. 处理结果

该栏填写实施解决措施后的结果。

21. 负责人（结果处理栏）

该栏填写负责监督处理结果的人员的姓名。

22. 日期（结果处理栏）

该栏填写处理结果的日期。

通过上述精心准备后，刘媛完成了《残损记录表》（如图 1-24 所示）的填写工作。

残损记录表

编号：CS2016021803　　填报人：刘媛

站点	厦门站	运单号	YD20160218001	车号	闽 D70113	施封检查	刘媛
路由	厦门—厦门	发现时间	2016 年 02 月 18 日	残损件数		3 箱	
操作环节	在途运输	预估价值	900 元	责任人		李立	
货物残损状况	经调查，载有厦门田佳制造有限公司货物的货车闽 D70113 在运输过程中发生意外，导致包装受挤压破损，导致燃料电池损坏。货物损坏具体情况如下所示： 燃料电池，包装破损、货物损坏，3 箱。						
	调查人		刘媛		报告人		李顺
解决措施	赔偿厦门田佳制造有限公司公司实际损失。						
	实施部门	厦门站	负责人	刘媛	日期	2016 年 02 月 18 日	
处理结果	报保险公司理赔，理赔成功。						
	负责人		刘媛		日期		2016 年 02 月 20 日

图 1-24　填写完成的《残损记录表》

任务评价

通过上述任务学习，教师可组织三方评价，并针对学生的任务执行情况进行点评。请学生扫描以下二维码，完成任务评价表的填写。

任务六　海运出口装箱集港（集装箱发放 / 设备交接单、集装箱装箱单、装货单）

任务环节

海运出口共要经过 9 个流程环节，具体流程如图 1-25 所示。欢迎进入任务六，制作《集装箱发放 / 设备交接单》《集装箱装箱单》《装货单》。

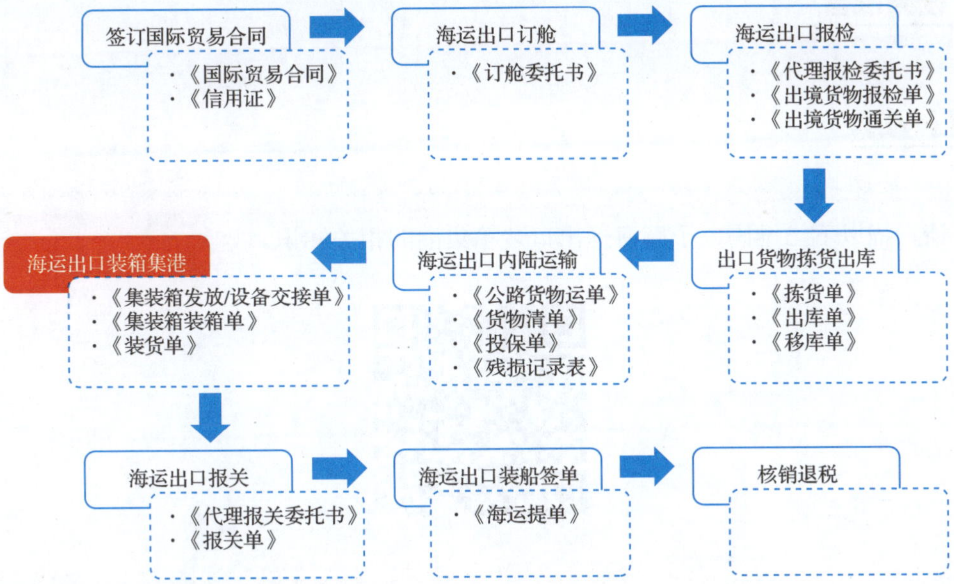

图 1-25　海运出口流程

任务目标

知识目标	（1）了解《集装箱发放 / 设备交接单》的含义和填写要点； （2）掌握《集装箱装箱单》的内容； （3）掌握《装货单》的含义和填写要点
技能目标	（1）能够根据已有资料，快速提取信息要点； （2）能够准确填制《集装箱发放 / 设备交接单》《集装箱装箱单》； （3）能够根据实际情况正确填写《装货单》
素养目标	（1）具备良好的沟通能力； （2）具有良好的团队合作精神； （3）具备一定的风险防范意识和良好的专业行为规范

任务展示

厦门翔龙国际物流有限公司（以下简称“厦门翔龙”）客服部在 2016 年 2 月 14 日收到厦门田佳制造有限公司（以下简称“厦门田佳”）的《订舱委托书》后，顺利在 CSAV 货船公司订到舱位，船名 / 航次号为 AGROS/709，使用 1 个 20 英尺普通集装箱，集装箱号为 CBHU3202732，铅封号为 CS1019622，提单号为 COAU705041058，运费预付。该批货物于 2016 年 2 月 18 日到达厦门翔龙出口港口仓库，厦门翔龙开始为这单货物的出口做进一步准备。根据海运出口业务流程，出口的货物到达出口港口仓库后需要进行装箱。本任务由王甜甜于 2016 年 2 月 21 日完成《集装箱发放 / 设备交接单》《集装箱装箱单》《装货单》的填制，并由李立驾驶车牌号为闽 D39971 的货车进行取箱作业。

任务准备

扫一扫

请扫描以下二维码，了解海运出口装箱集港的相关知识。

任务执行

步骤一：认识并填制设备交接单

在该步骤中，王甜甜准备好发票、合同、信用证、《订舱委托书》及双方公司的基本证件资料后，开始制作统一格式的《集装箱发放 / 设备交接单》。王甜甜在主管的指导下，通过查阅相关资料，了解到《集装箱发放 / 设备交接单》各项内容含义如下。

1. 用箱人 / 运箱人

该栏填写国际货运代理人的中文全称。

2. 提箱地点

该栏填写货箱存放地点；若无信息，则该栏可不填。

3. 发往 / 来自地点

该栏填写交货地点或装箱地点；若无信息，则该栏目可不填。

4. 返回 / 收箱地点

该栏填写归还集装箱地点；若无信息，则该栏目可不填。

5. 船名 / 航次

该栏填写装载集装箱的船名和航次信息，二者用“/”隔开。

6. 集装箱号

该栏填写提取的集装箱实际箱号。

7. 尺寸 / 类型

该栏填写集装箱的规格尺寸和箱子类型。例如，20 英尺的干货箱应填写为“20DRY”。

8. 营运人

该栏填写货船公司的英文名称，格式为英文大写。

9. 提单号

该栏填写提取集装箱时实际提单编号。

10. 铅封号

该栏填写提取集装箱对应的铅封号，由字母和 5 ～ 7 位阿拉伯数字组成。

11. 免费期限

该栏填写提取集装箱对应的免费使用截止时间；若无信息，则该栏目可不填。

12. 运载工具牌号

该栏填写提取空集装箱的车辆的车牌号。

13. 出场目的 / 状态

该栏填写集装箱出场时的目的及状态。通常，“状态”填写为“良好”。

14. 进场目的 / 状态

该栏填写集装箱进场时的目的及状态。通常，“状态”填写为“良好”。

15. 出场日期

该栏填写集装箱出场的日期，格式为年、月、日。

16. 出场检查记录

该栏填写集装箱出场时的状态，包括是否有破损、箱体内是否清洁等。

通过上述精心准备后，王甜甜完成了《集装箱发放 / 设备交接单》（如图 1-26 所示）的填写工作。

集装箱发放 / 设备交接单
EQUIPMENT INTERCHANGE RECEIPT

出口

NO.

用箱人 / 运箱人（CONTAINER USER/HAULIER）	提箱地点（PLACE OF DELIVERY）
厦门翔龙国际物流有限公司	

发往 / 来自地点（WHERE FROM）	返回 / 收箱地点（PLACE OF RETURN）

航名 / 航次（VESSEL/VOYAGE NO.）	集装箱号（CONTAINER NO.）	尺寸 / 类型（SIZE/TYPE）	营运人（CNTR.OPTR.）
AGROS/709	CBHU3202732	20 GP	CSAV
提单号（B/L NO.）	铅封号（SEAL NO.）	免费期限（FREE TIME PERIOD）	运载工具牌号（TRUCK，WAGON,BARGE NO.）
COAU705041058	CS1019622		闽 D39971

出场目的 / 状态（PPS OF GATE-OUT/STATUS）	进场目的 / 状态（PPS OF GATE-IN/STATUS）	出场日期（TIME-OUT）
良好		

出场检查记录（INSPECTION AT THE TIME OF INTERCHANGE）

普通集装箱（GP CONTAINER）	冷藏集装箱（RF CONTAINER）	特种集装箱（SPECIAL CONTAINER）	发动机（GEN SET）

损坏记录及代号（DAMAGE&CODE）
BR 破损（BROKEN）D 凹损（DENT）M 丢失（MISSING）DR 污箱（DIRTY）DL 危标（DG LABEL）

左侧（LEFT SIDE）右侧（RIGHT SIDE）前部（FRONT）集装箱内部（CONTAINER INSIDE）顶部（TOP）底部（FLOOR BASE）箱门（REAR）	如有异状，请注明程度及尺寸（REMARK）

除列明者外，集装箱及集装箱设备交接时完好无损，铅封完整无误。

THE CONTAINER/ASSOCIATED EQUIPMENT INTERCHANGED IN SOUND CONDITION AND SEAL INTACT UNLESS OTHERWISE STATED.

用箱人 / 运箱人签署（CONTAINER USER/HAULIER'S SIGNATURE）

码头 / 堆场值班员签署（TERMINAL/DEPOT CLERK'S SIGNATURE）

第一联：船公司（船代）；第二联：码头、堆场；第三联：用箱人、运箱人。

图 1-26　填写完成的《集装箱发放 / 设备交接单》

步骤二：认识并填制集装箱装箱单

在该步骤中，王甜甜准备好发票、合同、信用证《订舱委托书》《集装箱发放 / 设备交接单》及双方公司的基本证件资料后，开始制作统一格式的《集装箱装箱单》。王甜甜在主管的指导下，通过查阅相关资料，了解到《集装箱装箱单》各项内容含义如下。

1. 船名（Vessel）

该栏填写订舱确认后的船名，应与装货单、订舱确认书一致。

2. 航次（Voy.）

该栏填写订舱确认后的航次，应与装货单、订舱确认书一致。

3. 目的港（Destination）

该栏填写运输船运的最终目的港，用英文大写填写，如 VANCOUVER（温哥华）。

4. 集装箱号（Cntr No.）

通常，车队到堆场提货后，将集装箱号填写在《集装箱装箱单》上。该栏填写实际集装箱号即可。

5. 铅封号（Seal No.）

集装箱的铅封号由车队填写，与集装箱号码是逐一对应的关系。该栏直接填写铅封号，由字母和 5 ～ 7 位阿拉伯数字组成。

6. 集装箱规格（Cntr Type）

该栏直接填写装运本批货物的集装箱类型，填写格式为“集装箱尺寸（数字）+ 集装箱类型（英文缩写）”。例如，40 英尺高箱填写为“40HP”。

7. 提单号（B/L No.）

该栏根据设备交接单、提箱单、报关单等单据填写实际提单号码。

8. 标记（Shipping mark）

该栏填写货物外包装上的运输标记，应按照发票、订舱委托书上的内容填写，并与订舱委托书、提单上所记载的标记一致，特别要同印刷在货物外包装上的实际标记符号相同。

9. 件数及包装（Packing & Numbers）

该栏填写本批货物运输的实际包装件数及种类，填写格式为“商品数量 + 包装种类简写”。例如，20 个包装箱写为“20CARTONS”。

10. 品名（Description）

该栏填写集装箱内所装货物名称，按照订舱委托书内容填写商品的英文名称。

11. 毛重［G.W（KGS）］

该栏填写装运商品总毛重。根据《订舱委托书》中的信息填写。

12. 整箱重［Container G.W（KGS）］

该栏填写集装箱自重和商品毛重的总和。集装的箱体上都会标记有箱体的自重。

13. 体积［Measurement（M^3）］

该栏填写装运货物的总体积。

14. 收货人及通知人（Consignees & Notify Party）

该栏填写进口商的英文名称，并与信用证开证申请人的名称和地址保持一致。

15. 装箱地点（Loading Spot）

该栏填写实际的货物装箱地点。如果是在工厂装箱，就直接填写工厂名称；如果是在堆场装箱，就填写堆场名称。

16. 装箱日期（Loading Date）

该栏填写装箱的具体日期。

17. 发货人（Shipper）

该栏填写发货人中 / 英文名称，可直接根据《订舱委托书》中的信息填写。

通过上述精心准备后，王甜甜完成了《集装箱装箱单》（如图 1-27 所示）的填写工作。

步骤三：填制装货单

在该步骤中，王甜甜准备好发票、合同、信用证、《订舱委托书》《设备交接单》《集装箱装箱单》及双方公司的基本证件资料后，开始制作统一格式的《装货单》。王甜甜在主管的指导下，通过查阅相关资料，了解到装货单各项内容含义如下。

1. 发货人（Shipper）

该栏填写发货人的名称和地址，格式为英文大写。

2. 收货人（Consignee）

该栏填写收货人的名称和地址，格式为英文大写。

3. 通知人（Notify Party）

该栏填写通知人的名称和地址，格式为英文大写；若通知人与收货人名称和地址一致，则可填写“SAME AS CONSIGNEE”。

4. 前程运输（Pre-carriage by）

该栏填写第一程运输的船名，或者采用集装箱联合运输时在装货港装船前的运输工具的英文名称；若没有则该栏不用填写。

5. 收货地点（Place of Receipt）

该栏填写合同内规定的收货地点。若货物承运人在内陆时则填写装货地点；若在港口收货，则该栏不用填写。

6. 船名或航次（Ocean Vessel/ Voy. No.）

该栏填写运输本批货物的船名及航次信息，格式为英文大写。

7. 装货港（Port of Loading）

该栏填写本批货物的装货港口名称，格式为英文大写。

集装箱装箱单						集装箱号 Cntr No.	CBHU3202732
CONTAINER LOAD PLAN						铅封号 Seal No.	CS1019622
船名 Vessel	AGROS	船次 Voy	709	目的港 Destination	POTI,GEORGIA	集装箱规格 Cntr Type	20GP
提单号	标记	件数及包装	品名	毛重	整箱重	体积	收货人及通知人
B/L No.	Shipping mark	Packing & Numbers	Description	G.W（KGS）	Container G.W（KGS）	Measurement（M^3）	Consignees & Notify Party
COAU705041058	N/M	691CARTONS	FUEL BATTERY	14832.00	17830	23.15	SALI NEW ENERGY LTD. AME AS CONSIGNEE
装箱地点 Loading Spot	XIAMEN,CHINA	装箱日期 Loading Date	2016 年 2 月 22 日		发货人 Shipper	厦门田佳制造有限公司 XIAMEN TIANJIA MANUFACTURING CO.,LTD.	

图 1-27　填写完成的《集装箱装箱单》

8. 卸货港（Port of Discharge）

该栏填写本批货物的卸货港口名称，格式为英文大写。

9. 交货地点（Place of Delivery）

该栏填写本批货物的实际交货地点。若在港口交货则可不用填写。

10. 目的地（Final Destination for the Merchant's Reference）

该栏填写合同内规定的收货地点，格式为英文大写。当货物承运人在内陆时则填写交货地点。

11. 集装箱编号（Container No.）

该栏填写装载本批货物的集装箱编号。

12. 封志、标记与号码（Seal No./ Marks & Nos.）

该栏填写装载本批货物的集装箱铅封号（封志），以及货物外包装上的运输标记与号码，填写格式为先填写集装箱铅封号，再换行填写运输标记；没有标记与号码时可以填写“N/M”。

13. 箱数或件数（No. of Containers or Packages）

该栏填写集装箱箱数或最小运输包装的数量，并注明运输包装材质，格式为英文大写。例如，3 托盘填写为“3PLATTS”。

14. 包装种类与货名（Kind of Packages；Description of Goods）

该栏填写货物的英文名称，格式为英文大写。

15. 毛重（Gross Weight）

该栏填写本批货物总毛重，以千克为单位，保留两位小数。

16. 总尺码（Measurement）

该栏填写所装货物的总体积，以立方米为单位，保留两位小数。

17. 集装箱数和件数［TOTAL NUMBER OF CONTAINERS OR PACKAGES（IN WORDS）］

该栏填写集装箱的箱数或件数。

18. 预付地点（Prepaid at）

该栏在运费预付情况下，填写运费支付地点，格式为英文大写。

19. 到付地点（Payable at）

该栏在运费到付的情况下，填写运费支付地点，格式为英文大写。

20. 签发地点（Place of Issue）

该栏填写签发提单的地点，格式为英文大写。

21. 预付总额（Total Prepaid）

该栏填写预付运费的总额，可不填写。

22. 正本提单份数（No. of Original B（s）/L）

该栏填写托运人要求签发的正本提单数量，格式为“英文数字”或“英文数字（阿拉伯数字）”。例如，正本提单份数为 3 时，可填写“THREE”或“THREE（3）”。

23. 选择发货方式（Service Type on Receiving）

该栏应根据交付条款选择发货方式。例如，如果货物交付条款是“DOOR-CY”，则该栏应选择“DOOR”。

24. 选择交货方式（Service Type on Delivery）

该栏应根据交付条款选择交货方式。例如，货物交付条款是“DOOR-CY”，那么该栏选择“CY”。

25. 冷藏温度（Reefer Temperature Required）

如果使用冻柜，则该栏填写冻柜所需要的冷藏温度。

26. 货物种类（TYPE OF GOODS）

在该栏中选择货物种类。

27. 危险品

如果运输货物属于危险品，则在该栏填写货物的各项相关属性。

通过上述精心准备后，王甜甜完成了《装货单》（如图 1-28 所示）的填写工作。

装 货 单

Shipper（发货人） XIAMEN TIANJIA MANUFACTURING CO.,LTD. NO.18， WEST FANGSHAN ROAD,XIANGAN,XIAMEN 361101		D/R NO. （编号）
Consignee（收货人） SALI NEW ENERGY LTD. DIDUBE DISTRICT, DIGOMI MASIVI I BLOCK,BUILDING 12,APARTMENT 1.TBILISI 0159,GEORGI		第 联
Notify Party（通知人） SAME AS CONSIGNEE		Received by the Carrier the Total number of containers or other packages or units stated below to be transported subject to the terms and conditions of the Carrier's regular form of Bill of Lading（for Combined Transport or Port to Port Shipment）Which shall be deemed to be incorporated herein. Date（日期）：
Pre-carriage by（前程运输）	Place of Receipt（收货地点）	
Ocean Vessel Vog. No（船名 / 船次） AGROS/709	Port of Loading（装货港） XIAMEN,CHINA	
Port of Discharge（卸货港） POTI,GEORGIA	Place of Delivery（交货地点） SALI NEW ENERGY LTD. DIDUBE DISTRICT, DIGOMI MASIVI I BLOCK,BUILDING 12,APARTMENT 1.TBILISI 0159,GEORGI。	Final Destination for the Merchant's Reference （目的地） DIDUBE DISTRICT, DIGOMI MASIVI I BLOCK,BUILDING 12,APARTMENT 1.TBILISI 0159,GEORGI

图 1-28 填写完成的《装货单》

Container NO. （集装箱号）	Seal No./ Marks&Nos. （封志、标记与号码）	No. of Containers or Packages. （箱数或件数）	Kind of Packages; Description of Goods （包装种类与货名）	Gross Weight（KG） 毛重（千克）	Measurement（M^3） 尺码（立方米）
CBHU3202732	CS1019622 N/M	691CARTONS	CARTON、 FUEL BATTERY	14832.00	23.15

TOTAL NUMBER OF CONTAINERS OR PACKAGES（IN WORDS） 集装箱数或件数合计（大写）	1×20′GP

FREIGHT & CHARGES	Prepaid at （预付地点） XIAMEN,CHINA	Payable at （到付地点）	Place of Issue （签发地点） XIAMEN,CHINA
	Total Prepaid（预付总额）	No.of Original B（s）/L （正本提单份数） THREE（3）	BOOKING（订舱确认）APPROVED BY

Service Type on Receiving ☐－CY ☐－CFS ☑－DOOR	Service Type on Delivery ☑－CY ☐－CFS ☐－DOOR	Reefer Temperature Required（冷藏温度）	°F	°C

TYPE OF GOODS （货物种类）	☑Ordinary（普通） ☐ Reefer（冷藏） ☐ Dangerous（危险品） ☐ Auto（裸装车辆）	危险品	Class: Property:
	☐ Liquid（液体） ☐ Live Animal（活动物） ☐ Bulk（散货） ☐____		IMDG Code Page: UN NO.

图 1-28 填写完成的《装货单》（续）

任务评价

通过上述任务学习，教师可组织三方评价，并针对学生的任务执行情况进行点评。请学生扫描以下二维码，完成任务评价表的填写。

任务七 海运出口报关（代理报关委托书、报关单）

任务环节

海运出口共要经过 9 个流程环节，具体流程如图 1-29 所示。欢迎进入任务七，制作《代理报关委托书》《中华人民共和国海关出口货物报关单》（以下简称《报关单》）。

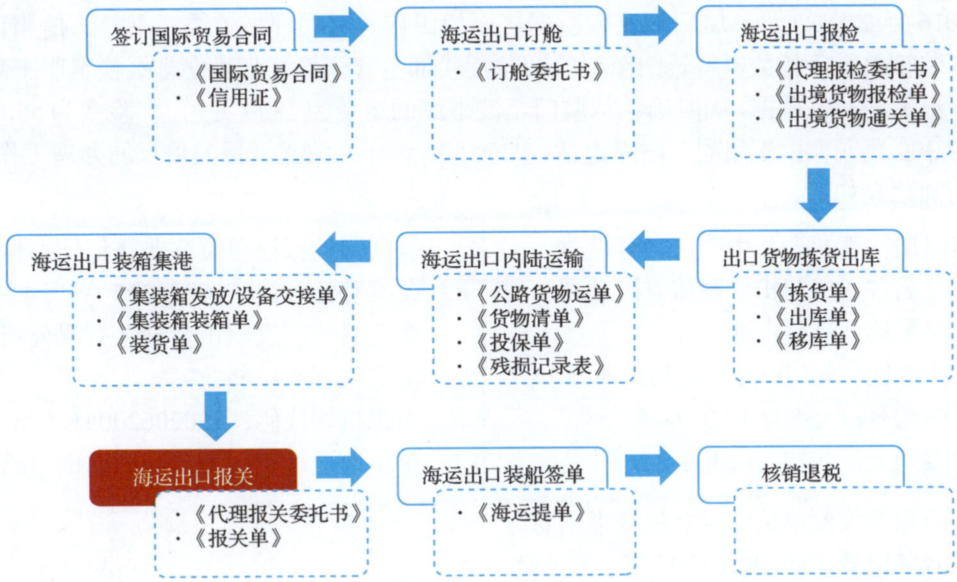

图 1-29 海运出口流程

任务目标

知识目标	（1）了解《代理报关委托书》《报关单》在出口报关环节的作用； （2）掌握《代理报关委托书》《报关单》的主要内容； （3）掌握《代理报关委托书》《报关单》的填制规范
技能目标	（1）能够根据提示在相关网站查找相关信息； （2）能够准备报关环节所需的全套单证； （3）能够准确填制《代理报关委托书》《报关单》
素养目标	（1）具备良好的政策关注度； （2）具有良好的团队合作能力、沟通能力； （3）具备一定的风险防范意识和良好的专业行为规范

任务展示

厦门翔龙国际物流有限公司（以下简称“厦门翔龙”）客服部在 2016 年 2 月 15 日

收到厦门田佳制造有限公司（以下简称“厦门田佳”）的《订舱委托书》后，顺利在CSAV订到舱位，船名/航次为AGROS/709，使用1个20英尺普通集装箱，集装箱号为CBHU3202732。此时，厦门翔龙开始为这单货物的出口做进一步准备。根据中国法律规定，出口货物完成报检后需要进行报关作业，因此厦门田佳需要首先按照固定格式的《代理报关委托书》制作一份用于代理报关用的委托书给厦门翔龙，由张亮（联系电话：1388876××××）于2016年2月23日完成这张《代理报关委托书》的制作。《代理报关委托书》的有效期为2016年12月31日。

厦门翔龙是商务部备案的一级国际货运代理有限公司，主要承办进出口货物的海运、空运、海铁联运、多式联运等国际货物运输代理业务，并可提供租船、订舱、配载、制单、报关、报检、海运保险、拖车、中转运输、海上直达、集装箱存贮和拆拼箱等全套货代服务。2016年2月23日，厦门翔龙客服部将厦门田佳的《代理报关委托书》、信用证、发票、《装箱单》等相关资料转交至厦门翔龙货代部主管张静，张静安排报检客服王甜甜准备出口报关的相关单据，同时确认从厦门至波季港的运费为3800美元、保险费为550美元，杂费为300美元。由王甜甜（联系电话：1395599××××）完成《报关单》的办理工作。

附加信息如下。

厦门田佳工业产品生产许可证信息
单位名称：厦门田佳制造有限公司
产品名称：燃料电池
生产地址：厦门市翔安区舫山西路18号
证书编号：X3502-012-03467
有效期至：2017年10月25日

厦门田佳报检单位注册登记证书信息
备案登记号：3800600327
企业名称：厦门田佳制造有限公司
法定代表人：胡龙
组织机构代码：350206200412536
单位地址：厦门市翔安区舫山西路18号

厦门翔龙报检单位注册登记证书信息
注册登记号：3800910179
企业名称：厦门翔龙国际物流有限公司
法定代表人：林鑫龙
组织机构代码：350209200500423
单位地址：厦门海沧区大名路168号
报检区域：厦门出入境检验检疫局辖区

随附单据： B：311090204038739000

本任务需要参考的《装箱单》如图1-6所示，《发票》如图1-7所示，《出境货物通关单》如图1-13所示。

任务准备

扫一扫

请扫描以下二维码，了解海运出口报关的相关知识。

任务执行

步骤一：认识并制作《代理报关委托书》

在该步骤中，张亮准备好箱单、发票、合同、信用证及双方公司的基本证件资料后，开始制作统一格式的《代理报关委托书》。张亮在主管的指导下，通过查阅相关资料，了解到《代理报关委托书》中主要的内容和含义如下。

1. 委托有效期

该栏填写委托方与被委托方约定的委托权限有效期。

2. 委托方

该栏填写委托代理报关业务的委托人的中文全称。

3. 主要货物名称

该栏填写委托报关货物的中文名称，如遇两种以上的货物一同申报时，则应填写涉税额最多的一种货物品名。

4. H.S. 编码

该栏填写报关货物对应的10位商品编码。国家质量监督检验检疫总局公布的《出入境检验检疫机构实施检验检疫的进出境商品目录》（下文简称《检验目录》）中提供了对应的H.S. 编码信息，按照现行规定，只有法检的货物才需要进行强制出口检验，而法检的货物均包含在《检验目录》中。因此，制作《代理报关委托书》时可根据《检验目录》中的内容填写。

5. 货物总价

该栏填写报关货物的总价值，需附带货币单位，保留两位小数。

6. 进出口日期

该栏填写报关货物的进出口日期，一般为船舶出境或进境日期。

7. 提单号

该栏填写进出口货物对应的提单编号，若无此信息填“***”。

8. 贸易方式

贸易方式是指该批进出口货物的交易方式。贸易方式的种类包括一般贸易、来料加工、进料加工、易货贸易、补偿贸易等，若系统内无对应的贸易方式，则填写其他非贸易性物品、其他贸易性货物等。

9. 原产地 / 货源地

该栏填写报关货物的原产国或货源国的中文名称。

10. 被委托方

该栏填写被委托代理报关业务的被委托人的中文全称。

11. 收到单证日期

该栏填写被委托方收到委托方发来的报关材料的日期，格式为年、月、日。

12. 收到单证情况

该栏填写时用“√”表示收到的单证，未收到的单证不要打钩。

13. 经办人签章、联系电话、日期

该栏填写委托方相关信息。

14. 经办报关员签章、联系电话、日期

该栏填写被委托方相关信息。

15. 其他要求

该栏填写对被委托方服务内容的具体说明。

16. 承诺说明

该栏填写被委托方对能否满足委托方“其他要求”的说明。

在整理完上述信息后，张亮填写完成的《代理报关委托书》如图 1-30 所示。

代 理 报 关 委 托 书
编号：
我单位现　　　　（A 逐票、B 长期）委托贵公司代理　　　　等通关事宜。（A. 填单申报 B. 辅助查验 C. 垫缴税款 D. 办理海关证明联 E. 审批手册 F. 核销手册 G. 申办减免税手续 H. 其他）详见《委托报关协议》。 我单位保证遵守《海关法》和国家有关法规，保证所提供的情况真实、完整、单货相符，无侵犯他人知识产权的行为，否则，愿承担相关法律责任。 本委托书有效期自签字之日起至 2016 年 12 月 31 止。 委托方（盖章）： 法定代表人或其授权签署《代理报关委托书》的人（签字） 2016 年 02 月 23 日

图 1-30　填写完成的《代理报关委托书》

委托报关协议

为明确委托报关具体事项和各自责任，双方经平等协商签订协议如下。

委托方	厦门田佳制造有限公司	被委托方	厦门翔龙国际物流有限公司	
主要货物名称	燃料电池	*报关单编码		
H.S. 编码	8507809010	收到单证日期	2016 年 2 月 23 日	
货物总价	US$331680.00			
进出口日期	2016 年 3 月 1 日	收到单证情况	合同☑	发票☐
提单号	***		装箱清单☑	提（运）单☐
贸易方式	一般贸易		加工贸易手册☐	许可证件☐
原产地 / 货源地	中国		其他	
		报关收费	人民币	元
其他要求：		承诺说明：		
背面所列通用条款是本协议不可分割的一部分，对本协议的签署构成了对背面通用条款的同意。		背面所列通用条款是本协议不可分割的一部分，对本协议的签署构成了对背面通用条款的同意。		
委托方业务签章：		被委托方业务签章：		
经办人签章：	张亮	经办报关员签章：王甜甜		
联系电话：	1388876××××	联系电话：1395599××××		
	2016 年 2 月 23 日			2016 年 2 月 23 日
（白联：海关留存、黄联：被委托方留存、红联：委托方留存）				
				中国报关协会监制

图 1-30　填写完成的《代理报关委托书》（续）

步骤二：认识报关单

张亮完成《代理报关委托书》的制作后，王甜甜开始《报关单》的制作工作。同样，在完成该步前首先来认识一下《报关单》中的主要内容和含义。

《报关单》的填写应参考《中华人民共和国海关进出口货物报关单填制规范》。

1. 预录入编号

预录入编号及 EDI 报关单的预录入编号由接受申报的海关决定编号规则，并使用计算机自动打印。因此该栏无须填写。

2. 海关编号

海关编号指海关接受申报时给予报关单的编号，由各海关在接受申报时确定，应标识在《报关单》的每一联上。海关编号为 9 位数编码，由各直属海关统一管理并填写。因此该栏无须填写。

3. 出口口岸

该栏填写载运货物的运输工具出口地的隶属海关名称及 4 位代码，格式为“隶属海关中文名称（4 位代码）”，如南海海关（5110）。

福建省部分海关名称及代码如表 1-3 所示。

表 1-3　福建省部分海关名称及代码

代　码	海关名称	代　码	海关名称	代　码	海关名称
3500	福州关区	3509	福关邮办	3510	南平海关
3511	武夷山关	3513	福现业处	3518	福关鳌办
3519	福关马港	3700	厦门关区	3701	厦门海关
3702	泉州海关	3703	漳州海关	3704	东山海关
3705	石狮海关	3706	龙岩海关	3707	厦肖厝关
3710	厦高崎办	3711	东渡海关	3712	厦海沧办
3715	机场海关	3716	厦同安办	3717	厦物流园
3722	大嶝监管	3777	厦稽查处	3788	厦侦查局

本任务中，出口口岸为厦门关区，对应的代码为 3700。故该栏应填写“厦门关区（3700）”。

4. 备案号

备案号指进出口企业在海关办理加工贸易合同备案或征、减、免税审批备案等手续时，海关给予《进料加工登记手册》《来料加工及中小型补偿贸易登记手册》《外商投资企业履行产品出口合同进口料件及加工出口成品登记手册》（以下均简称《登记手册》）《进出口货物征免税证明》（以下简称《征免税证明》）或其他有关备案审批文件的编号。一份报关单只允许填报一个备案号，具体填报要求如下。

（1）加工贸易报关单该栏应填写《登记手册》中的编号；少量低价值辅料，即 5000 美元以下 78 种以内的客供辅料，如纽扣、拉链等，按规定不使用《登记手册》中的相关编号，应填报“C+ 关区代码 +0000000”，不得为空。

（2）涉及减、免税备案审批的报关单，该栏应填写《征免税证明》中的相关编号，不得为空。

（3）无备案审批文件的报关单，该栏免填写。

备案号长度为 12 位，其中第 1 位是标记代码，第 2 ～ 5 位是关区代码，第 6 位为年份，第 7 ～ 12 位为序列号。其中，备案号的标记代码（见表 1-4）必须与“贸易方式”及“征免性质”栏相一致。例如，贸易方式为来料加工，则征免性质也应是来料加工，那么备案号的标记代码就应为“B”。

表 1-4 备案号的标记代码

第一个字母	含义	备注
B	来料加工登记手册	黄色封面
C	进料加工登记手册	粉红色封面
D	外商免税提供的加工贸易不作价设备登记手册	黑色封面
F	加工贸易异地进出口分册	
H	出口加工区保税货物电子账册	
Y	原产地证书	
Z	征免税证明	

5. 出口日期

出口日期指运载所申报货物的运输工具办理出口手续的日期。该栏供海关打印报关单证明联使用。预录入报关单免于填报。无实际进出口的报关单则填报办理申报手续的日期。该栏为 6 位数，顺序为年、月、日。例如，2016 年 9 月 10 日出口，次日填写报关单并向海关申报，则“出口日期”填写“16-09-10”。

6. 申报日期

申报日期指海关接受出口货物的收货人、发货人或其代理人申请办理货物出口手续的日期。该栏为 6 位数，顺序为年、月、日。例如，“16-09-10”。只有电子或纸质报关单上“已被海关接受”的日期才是申报日期。如果预录入数据经海关计算机检查并退回，则应填写重新申报的日期。一般规定，出口货物的申报日期不得晚于出口日期。

7. 经营单位

该栏应填写经营单位名称及经营单位编码。经营单位编码为 10 位数字，是进出口企业在所在地的海关办理注册登记手续时，海关给企业设置的注册登记编码。填写格式为“经营单位中文名称（经营单位编码）”。

8. 运输方式

该栏根据实际运输方式，按照海关规定的《运输方式代码表》（见表 1-5）选择、填写相应的运输方式的名称或代码。

表 1-5 运输方式代码表（节选）

运输方式代码	运输方式名称	运输方式代码	运输方式名称
0	非保税区	6	邮件运输
1	监管仓库	7	保税区
2	江海运输	8	保税仓库
3	铁路运输	9	其他运输
4	汽车运输	Z	出口加工
5	航空运输		

进口货物运输方式按照货物运抵我国关境“第一口岸”时的运输方式申报；出口货物

按照货物离开我国关境“最后一个口岸”时的运输方式填报。例如，从日本大阪海运进口到我国大连的货物，再用监管车转关至辽宁A县；再如从昆明空运至哈尔滨的货物，再从哈尔滨用卡车运至俄罗斯，则进（出）口货物报关单的填写方法如表1-6所示。

表1-6　进（出）口货物报关单的填写方法

例1	运输方式 江海运输（或2）	境内目的地 辽宁A县
例2	运输方式 汽车运输（或4）	境内货源地 云南昆明

9. 运输工具名称

运输工具名称指载运货物出口的运输工具的名称或运输工具编号。该栏填写内容应与运输部门向海关申报的载货清单所列相应内容一致。一份报关单只允许填报一个运输工具名称。如果是多种方式联运货物，则进口货物运输工具按货物运抵我国关境第一口岸时的运输工具申报；出口货物运输工具按驶离我国关境最后一个口岸时的运输工具填报。具体填报要求如下。

（1）江海运输填报船名及航次，或者载货清单编号（注：按受理申报海关要求填报）。

（2）汽车运输填报该跨境运输车辆的国内行驶车牌号码。

（3）铁路运输填报车次或车厢号，以及进出口日期。

（4）航空运输填报分运单号，无分运单时该栏为空。

（5）邮政运输填报邮政包裹单号。

（6）其他运输填报具体运输方式名称，如管道、驮畜等。

例如，本任务中的货物是从厦门市内经过公路运输运至厦门关区，再从厦门关区通过海运运至格鲁吉亚，属于江海运输，因此应填报船名及航次。由本任务信息可知船名航次为AGROS/709，因此该栏应填写“AGROS/709”。

10. 提运单号

提运单号必须与运输部门向海关提供的载货清单中所列内容一致（包括数码、英文大小写、符号和空格），该栏主要是填报运输单据的编号。一份报关单只允许填报一个提运单号，一票货物对应多个提运单时，应按接受申报的海关规定，或者分单填报，或者填报一个提运单号，或者填报“多个提运单＋提运单数”，其余提运单号填写或打印在备注栏中或随附清单。具体填报要求如下。

（1）江海运输填报提单号或海运单号。

（2）铁路运输填报运单号。

（3）汽车运输免于填报。

（4）航空运输填报分运单号，无分运单的可填报总运单号。

（5）邮政运输填报邮政包裹单号。

（6）无实际进出口的，该栏为空。

（7）出口转关运输无法确定提运单号时，该栏可以为空。

例如，本任务属于江海运输，但未确定提单号，故该栏为空。

11. 发货单位

该栏必须填报发货单位的中文名称及发货单位编码；没有编码的，仅填报其中文名称。填写格式为“发货单位中文名称（发货单位编码）”。

12. 贸易方式（监管方式）

该栏应根据实际对外贸易情况，按海关规定的《监管方式代码表》（见表 1-7）选择填报相应的贸易方式（监管方式）简称或代码。一份报关单只允许填报一种贸易方式。

表 1-7　监管方式代码表（节选）

贸易方式代码	贸易方式简称	贸易方式主要含义
0110	一般贸易	有进出口经营权企业的单边进口或单边出口的贸易方式
0214	来料加工	进口料件由外商提供，经营企业按外商要求加工或装配而收取加工费，成品由外商销售的贸易方式
0420	加工贸易设备	加工贸易时外商提供设备，包括作价和不作价设备
0615	进料加工	买卖双方签订进出口对口合同，我方先付进口料件款，加工成品出口时再向对方收取出口成品款的贸易方式
0654	进料深加工	原进料加工时，成品或半成品转让给境内其他进料加工复出口企业进行再加工装配的贸易方式

13. 征免性质

该栏应根据实际情况，按海关规定的《征免性质代码表》（见表 1-8）选择填报相应的征免性质简称或代码。征免性质指海关对进出口货物实施征、减、免税管理的性质类别。一份报关单只允许填报一种征免性质。

表 1-8　征免性质代码表（节选）

代　码	征免性质简称	征免性质适用范围
101	一般征税	一般征税进出口货物，一般规章（关税条例、进出口税则）征税、补税
201	无偿援助	无偿援助进出口物资
501	加工设备	加工贸易时，外商免费提供的不作价的进口设备
502	来料加工	来料加工装配和补偿贸易的进口料件和加工后返销出口成品
503	进料加工	外贸公司、工贸公司进料加工贸易的进口料件和返销出口成品

14. 结汇方式

该栏的填报根据海关规定的《结汇方式代码表》（见表 1-9）选择填报相应的结汇方式名称或代码或缩写。

表 1-9　结汇方式代码表

代　码	结 汇 方 式	缩　写
1	信汇	M/T
2	电汇	T/T
3	票汇	D/D
4	付款交单	D/P
5	承兑交单	D/A

（续表）

代　码	结汇方式	缩　写
6	信用证	L/C
7	先出后结	
8	先结后出	
9	其他	

15. 运抵国（地区）

该栏应按照海关规定的《国别（地区）代码表》（见表 1-10）选择填报相应的运抵国（地区）中文名称或代码。对发生运输中转的货物，如果中转地未发生任何商业性交易，则起运国（地区）和运抵国（地区）不变；如果中转地发生商业性交易，则以中转地作为起运国（地区）或运抵国（地区）填报。

表 1-10　国别（地区）代码表（节选）

国别（地区）代码	中文名称	国别（地区）代码	中文名称
110	中国香港	307	意大利
116	日本	337	格鲁吉亚
121	中国澳门	344	俄罗斯联邦
132	新加坡	501	加拿大
133	韩国	502	美国
142	中国内地	601	澳大利亚
303	英国	609	新西兰
304	德国	701	国别不详
305	法国	702	联合国

16. 指运港

指运港指出口货物运往境外的最终目的港。最终目的港不可预知时，可按尽可能预知的目的港填报。该栏应根据实际情况，按照海关规定的《港口航线代码表》（见表 1-11）选择填报相应的港口中文名称或代码。无实际进出境的，该栏填报“中国境内”。

表 1-11　港口航线代码表（节选）

港口中文名称	港口代码	港口中文名称	港口代码
伦敦	2052	釜山	1480
新加坡	1477	香港	1039
波士顿	1891	新德里	1067
布鲁塞尔	1789	纽约	3166
洛杉矶	3154	波季港	GEPTI

17. 境内货源地

该栏的填报应按照海关规定的《国内地区代码表》（见表 1-12）选择境内地区名称或代码。

表 1-12 国内地区代码表（节选）

国内地区名称	国内地区代码	国内地区名称	国内地区代码
朝阳区	11059	北京经济技术开发区	11132
天津港保税区	12074	沈阳经济技术开发区	21012
上海浦江高科技园区	3113	苏州工业园区	32052
福州保税物流园区	35017	泉州	35059
北海	45059	拉萨	54019
海南	63059	石河子	65129

18. 许可证号

该栏用于填报应申领出口许可证的货物。此类货物必须填报我国商务部及其授权发证机关签发的《出口货物许可证》中的编号，不得为空。一份报关单只允许填报一个许可证号，有多个许可证时必须分单填报。非许可证管理的商品该栏为空。

19. 批准文号

批准文号仅指出口收汇核销单上的编号。目前，出口收汇核销单已取消。

20. 成交方式

该栏应根据实际成交价格条款，按照海关规定的《成交方式代码表》（见表 1-13）选择填报相应的成交方式名称或代码。无实际进出口的货物，进口填报 CIF，出口填报 FOB。根据本任务的合同信息可知，本任务采用的是 CIF 价，故应填写“CIF（或 1）”。

表 1-13 成交方式代码表（节选）

成交方式代码	成交方式名称	成交方式代码	成交方式名称
1	CIF	4	C&I
2	CFR/C&F	5	市场价
3	FOB	6	垫仓

21. 运费

该栏应根据具体情况选择运输单价、运费总价或运费率三种方式之一填报，同时注明运费标记（运费率标记免填），并按海关规定的《货币代码表》（见表 1-14）选择填报相应的货币代码。运保费合并计算的，运保费填报在该栏。若成交价格不含运费，则不用填写该栏。

表 1-14 货币代码表（节选）

货币代码	货币符号	货币名称	货币代码	货币符号	货币名称
110	HKD	港币	326	NOK	挪威克朗
116	JPY	日元	330	SEK	瑞典克朗
121	MOP	澳门元	331	CHF	瑞士法郎
142	CNY	人民币	334	SUR	俄罗斯卢布
300	EUR	欧元	501	CAD	加拿大元
302	DKK	丹麦克朗	502	USD	美元
303	GBP	英镑	601	AUD	澳大利亚元

运费标记“1”表示运费率，“2”表示每吨货物的运费单价，“3”表示运费总价。例如，5%的运费率填报为 5/1（运费率 / 运费率标记）；24 美元每吨货物运费单价填报为 502/24/2（货币代码 / 运费单价的数值 / 运费单价标记）；7000 美元的运费总价填报为 502/7000/3（货币代码 / 运费总价的数值 / 运费总价标记）。

22. 保险费

该栏根据具体情况选择保险费总价或保险费率两种方式之一填报，同时注明保险费标记（保险费率标记免填），并按照海关规定的《货币代码表》（见表 1-14）选择填报相应的货币代码。运保费合并计算的，运保费填报在运费栏中。若成交价格不含保险费，则不用填写该栏。

保险费标记“1”表示保险费率，“3”表示保险费总价。例如，3‰ 的保险费率填报为 0.3/1；1000 日元保险费总价填报为 116/1000/3（货币代码 / 保险费总价的数值 / 保险费总价标记）。

23. 杂费

该栏的填报应根据具体情况选择杂费总价或杂费率两种方式之一来填报，同时注明杂费标记（杂费率标记免填），并按海关规定的《货币代码表》（见表 1-14）选择填报相应的货币代码。无杂费时该栏免填。

杂费标记“1”表示杂费率，“3”表示杂费总价。例如，应计入完税价格的 1.5% 的杂费率填报为 1.5/1；应计入完税价格的 500 英镑杂费总价填报为 303/500/3（货币代码 / 杂费总价的数值 / 杂费总价标记）。

24. 合同协议号

该栏填报出口货物销售合同编号。

25. 件数

该栏填报有外包装的进出口货物的实际件数。特殊情况时的填报要求如下：

（1）舱单件数为集装箱的，填报集装箱个数；

（2）舱单件数为托盘的，填报托盘数；

（3）该栏不得填报为零，裸装货物填报为 1。

26. 包装种类

该栏的填写应根据出口货物的实际外包装种类，按照海关规定的《包装方式代码表》（见表 1-15）选择填报相应的包装种类的中文名称或代码。

表 1-15　包装方式代码表（节选）

包装方式代码	包装方式名称
1	木箱
2	纸箱
3	桶装
4	散装
5	托盘

（续表）

包装方式代码	包装方式名称
6	包
7	其他

由本任务合同信息可知，该批出口货物的包装种类为纸箱，因此该栏应填写“纸箱（或 2）”。

27. 毛重

该栏填报出口货物的实际毛重，计量单位为千克，不足 1 千克的填报为 1。

28. 净重

该栏填报出口货物的实际净重，计量单位为千克，不足 1 千克的填报为 1。

29. 集装箱号

该栏的填报方式为“集装箱号 / 规格 / 自重”，如 TBXU3605231/20/2280 表示 1 个 20GP 标准集装箱。此外，TEXU3605231×1（1）表示 1 个标准集装箱；TEXU3605231×2（3）表示 2 个集装箱，折合为 3 个标准集装箱，其中 1 个箱号为 TEXU3605231。在多于 1 个集装箱的情况下，其余集装箱编号打印在备注栏或随附清单上。非集装箱货物填报“0”。

30. 随附单据

该栏只填报除进出口许可证外的监管证件代码及编号，且只填写其中一个监管证件的信息，其余信息填写在标记唛码及备注栏中（有多个监管证件的情形时）。填写方式为“监管证件代码：监管证件编号”。由本任务的附加信息可知，随附单据为 B：311090204038739000。因此该栏应填写“B：311090204038739000”。

31. 生产厂家

该栏填报货物的境内生产企业。

32. 标记唛码及备注

该栏填报货物运输包装上的标记唛码中除图形外的所有文字、数字（基本是原样照抄）。无标记唛码的免于填报。标记唛码一般印刷或贴在货物的外包装上，同时也标注在装箱单、提单、发票中。三种单证中的标记唛码应该与外包装上的一致。一票货物多个集装箱的，在该栏填报其余的集装箱号；一票货物多个提运单的。

33. 项号

项号指同一票货物在报关单中的商品排列序号和在备案文件上的商品序号。该栏中每一栏项号下都分为两行填报。第一行填报报关单中的商品排列序号，一般按发票或装箱单中商品的排列顺序填写；如果一张发票中既有使用手册的商品也有不使用手册的商品时要分开报关（填写不同的报关单），使用手册的报关单项号只按发票中涉及手册的商品种类排序。第二行专用于加工贸易等已备案的货物，要填写该商品对应在手册中或原产地证书中的项号，非备案商品免填。

例如，一张出口发票中有四项商品，分别是：

男式腰带 1000 条，3 美元 / 条，合计 3000 美元；

男羽绒短上衣 1000 件，10 美元 / 件，合计 10000 美元（位列手册第 3 项）；

女羽绒短上衣 1000 件，8 美元 / 件，合计 8000 美元（位列手册第 2 项）；

女式腰带 1000 条，3 美元 / 条，合计 3000 美元。

则使用手册的报关单应该填报如图 1-31 所示（不使用的手册的商品应该另外填写一张报关单申报）。

因本例中只有一种商品，因此该栏应填：01。

项　目	商品编码	商品名称、规格型号	数量及单位	最终目的国（地区）
01（←商品排列序号）男羽绒短上衣 03（←表示男羽绒短上衣列在手册中的第 3 项）		（此为第一栏）		
01（←商品排列序号）女羽绒短上衣 02（←表示女羽绒短上衣列在手册中的第 2 项）		（此为第二栏）		
	（此为第三栏）			
	（此为第四栏）			
	（此为第五栏）			

图 1-31　报关单中项号栏的填写

34. 商品编号

商品编号指按海关规定的商品分类编码规则确定的进（出）口货物的商品编号，即 H.S. 编码。实际商品编号与《加工贸易登记手册》中商品编号不符的，应按实际商品编号填报。

35. 商品名称、规格型号

该栏分两行填报，第一行填报出口货物规范的中文商品名称，第二行打印规格型号，必要时可加注原文。

36. 数量及单位

数量是指出口货物的实际数量；单位是指针对数量的计量单位，包括成交计量单位和法定计量单位。该栏目分三行填报。填报的格式是数量在前，单位在后。具体填报要求如下。

（1）出口货物必须按海关法定计量单位和成交计量单位填报。法定第一计量单位及数量填报在该栏目第一行。

（2）凡海关列明法定第二计量单位的，必须报明该商品法定第二计量单位及数量，填报在该栏目第二行。无第二计量单位的，该栏目第二行为空。

（3）成交计量单位与海关法定计量单位不一致时，还需填报成交计量单位及数量，填报在数量及单位栏的第三行。成交计量单位与海关法定计量单位一致时，该栏目第三行为空。

（4）加工贸易等已备案的货物，成交计量单位必须与备案登记中同项号下货物的计量单位一致，不相同时必须修改备案或将计量单位转换为一致后填报。

实际成交计量单位与法定计量单位填报的逻辑关系如图 1-32 所示。

填制要求	计量单位状态			
	成交与法定一致（无法定第二计量单位）	成交与法定一致，并有第二计量单位	成交与法定不一致（无法定第二计量单位）	成交与法定不一致且有法定第二计量单位
第一行	法定计量单位及数量	法定第一计量单位及数量	法定计量单位及数量	法定第一计量单位及数量
第二行	空	法定第二计量单位及数量	空	法定第二计量单位及数量
第三行	空	空	成交计量单位及数量	成交计量单位及数量

图 1-32 实际成交计量单位与法定计量单位填报的逻辑关系

37. 最终目的国（地区）

最终目的国（地区）指已知的出口货物的最终实际消费、使用或进一步加工制造国家（地区）。该栏应按照海关规定的《国别（地区）代码表》（见表 1-10）选择填报相应的国家（地区）名称或代码。本任务中，最终目的国是格鲁吉亚，代码为 377，因此该栏应填写“格鲁吉亚（或 377）”。

38. 单价

该栏填报同一项号下出口货物实际成交的商品单位价格。无实际成交价格的，该栏填报货物价值。

39. 总价

该栏填报同一项号下出口货物实际成交的商品总价。无实际成交价格的，该栏填报货物价值。

40. 币制

币制指出口货物实际成交价格的币种。该栏应根据实际成交情况，按照海关规定的《货币代码表》，选择填报相应的货币名称或代码，如果《货币代码表》中无实际成交币种，则需转换后填报。

41. 征免

征免指海关对出口货物进行征税、减税、免税或特案处理的实际操作方式。该栏应按照海关核发的《征免税证明》或有关政策规定，对报关单所列每项商品选择填报海关规定的《征减免税方式代码表》（见表 1-16）中相应的征减免税方式名称或代码。

表 1-16 征减免税方式代码表（节选）

征减免税方式代码	征减免税方式名称	征减免税方式代码	征减免税方式名称
1	照章征税	6	保证金
2	折半征税	7	保函
3	全免	8	折半补税
4	特案	9	全额退税
5	征免性质		

例如，本任务属于一般贸易，无税收优惠政策，故该栏填报“照章征税（或 1）”。

42. 税费征收情况

该栏供海关批注出口货物税费征收及减免情况。

43. 录入员

该栏用于预录入和 EDI 报关单，填报录入人员的姓名。

44. 录入单位

该栏用于预录入和 EDI 报关单，填报录入单位的全称。

45. 报关员

该栏用于填写报关员的真实姓名。

46. 申报单位

该栏是报关单左下方用于填报申报单位有关情况的总栏目。申报单位指对申报内容的真实性直接向海关负责的企业或单位。自理报关的，应填报出口货物的经营单位名称及代码；委托代理报关的，应填报经海关批准的专业或代理报关企业名称及代码。该栏内应加盖申报单位有效印章，并应有报关员和所属企业的法定代表人（或其授权委托的业务负责人）的签字。该栏还包括报关单位地址、邮编和电话等分项目，由申报单位的报关员填报。

47. 填制日期

填制日期指报关单的填制日期。预录入和 EDI 报关单由计算机自动打印。该栏为 6 位数，顺序为年、月、日，如“16-02-23”。该栏无须手工填制。

48. 海关审单批注及放行日期

该栏是供海关内部作业时签注的总栏目，由海关人员手工填写在预录入报关单上。其中，“放行日期”填写海关对接受申报的出口货物做出放行决定的日期。因此，该栏留空。

通过上述精心准备后，王甜甜完成了《报关单》（如图 1-33 所示）的填写工作。

中华人民共和国海关出口货物报关单

预录入编号：				海关编号：	
出口口岸		备案号		出口日期	申报日期
厦门关区（3700）				16-03-01	16-02-23
经营单位		运输方式		运输工具名称	提运单号
厦门翔龙国际物流有限公司（3800910179）		江海运输（或 2）		AGROS/709	
发货单位		贸易方式		征免性质	结汇方式
厦门翔龙国际物流有限公司（3800910179）		一般贸易（或 0110）		一般征税（或 101）	信用证（或 L/C、6）
许可证号	运抵国（地区）		指运港		境内货源地
X3502-012-03467	格鲁吉亚（或 337）		波季港（或 GEPTI）		厦门
批准文号	成交方式	运费		保险费	杂费

图 1-33　填写完成的《报关单》

	CIF（或 1）	502/3800/3	502/550/3	502/300/3
合同协议号	件数	包装种类	毛重（KG）	净重（KG）
MM2016-PT096	6910	纸箱（或 2）	14832.00	14600.00
集装箱号	随附单据			生产厂家
CBHU3202732/20/3000	B：311090204038739000			厦门田佳制造有限公司
标记唛码及备注	N/M			

项号	商品编号	商品名称、规格型号	数量及单位	最终目的国（地区）	单价	总价	币制	征免
01	8507809010	燃料电池	691 箱 14600 千克	格鲁吉亚（或 377）	48.00	331680.00	美元（或 502）	照章征税（或 1）
税费征收情况								

录入员	录入单位	兹声明以上申报无讹并承担法律责任	海关审单批注及放行日期（签章）		
王甜甜	厦门翔龙国际物流有限公司				
报关员			审单		审价
王甜甜					
单位地址		申报单位（签章）	征税		统计
厦门海沧区大名路 168 号		厦门翔龙国际物流有限公司			
邮编	电话	填制日期	查验		放行
361026	1395599××××				

图 1-33　填写完成的《报关单》（续）

任务评价

通过学习上述任务，教师可组织三方评价，并针对学生任务的执行情况进行点评。请学生扫描以下二维码，完成任务评价表的填写。

任务八 海运出口装船签单（海运提单）

任务环节

海运出口共要经过9个流程环节，具体流程如图1-34所示。欢迎进入任务八，制作《海运提单》。

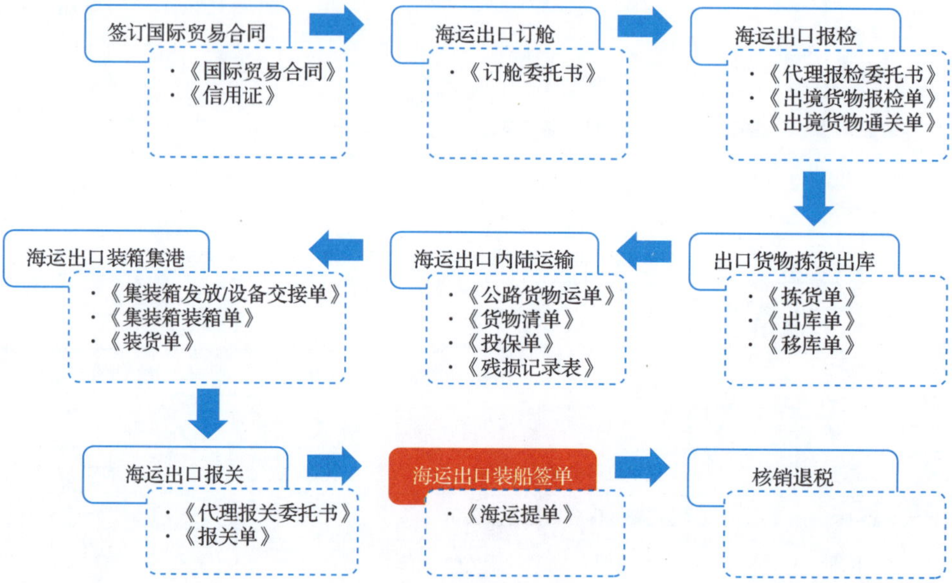

图1-34 海运出口流程

任务目标

知识目标	（1）了解《海运提单》的含义； （2）掌握《海运提单》的内容； （3）掌握《海运提单》的填写要点
技能目标	（1）能够根据已有资料快速提取信息要点； （2）能够事先准备好填写《海运提单》需要的各项单证； （3）能够按照业务要求将提取的要点准确填入《海运提单》
素养目标	（1）具备良好的沟通能力； （2）具有良好的团队合作精神； （3）具备一定的风险防范意识和良好的专业规范行为

任务展示

南美洲轮船公司（以下简称“南美邮船”，CSAV），是南美洲知名船运公司，它成立于1872年，是一家总部在智利的船运贸易企业。

厦门翔龙国际物流有限公司委托 CSAV 办理厦门田佳制造有限公司 691 箱燃料电池的出口运输业务。2016 年 3 月 1 日，CSAV 业务员张珊珊给厦门田佳制造有限公司签发了编号为 KAGTYHTC153857 的《海运提单》。填制《海运提单》所需的详细信息如下。

运输说明	按转运方式填写。厦门市到厦门港的公路运输的承运人为厦门翔龙国际物流有限公司；厦门港到波季港的海运运输的承运人为南美洲轮船公司
装船日期	2016 年 3 月 1 日
运费	采用集装箱运输，运费 3800 美元，保险费 550 美元，杂费 300 美元，且由厦门田佳制造有限公司支付

本任务需参考的信息包括《装货单》（见图 1-28）、《发票》（见图 1-7）、《国际贸易合同》（见图 1-2）、《报关单》。

任务准备

扫一扫

请扫描以下二维码，了解海运出口装船签单的相关知识。

任务执行

步骤一：准备《海运提单》相关资料

各企业的《海运提单》都有所差异。通常，《海运提单》包含的信息包括发货人（托运人）、收货人、通知人、装货港、目的港、货物描述、件重尺、要求船期、注明运费及其他特殊要求等。

通过查阅相关资料，上述相关信息会在《装货单》《发票》《贸易合同》及《报关单》中列明，其他信息，如货物最小包装数量、单价、总价等可以从《发票》上获得。

通过对比分析，张珊珊将重要信息和《海运提单》中需要的信息逐一标出，以待后续使用时可以快速找到。

步骤二：认识《海运提单》中各信息及其含义

1. 提单编号（B/L NO.）

提单编号一般位于提单的右上角以便工作联系和核查，是承运人为发货人所发货物承运的编制的号码。在其他单据中，如保险单、装运通知等，往往也要求注明提单编号。

2. 托运人（SHIPPER）

托运人是与承运人签订运输契约、委托运输的货主，即发货人。在信用证支付方式下，一般以受益人为托运人；在托收方式下，以托收的委托人为托运人。

3. 收货人（CONSIGNEE）

收货人要按照合同和信用证的规定填写。

4. 通知人（NOTIFY PARTY）

原则上该栏一定要按照信用证的规定填写。通知人即收货人的代理人或提货人。货到目的港后，承运人凭该栏提供的内容通知其办理提货，因此，提单的通知人一定要有详细的名称和地址，供承运人或目的港及时通知其提货。若 L/C 中未规定明确的地址，则为保持单证一致，可在《海运提单》正本中不列明，但要在《海运提单》副本上写明通知人的详细地址。托收方式下的通知人栏一般填写托收的付款人。

5. 前程运输（PR-CARRIAGE BY）

该栏的填写分为转运、联运和多式联运三种情况。

（1）转运是指承运人只负责全程运输中的某一段海运的转船运输。在这种情况下，该栏可填写前程运输方的名称。

（2）联运是指承运人负责安排全程运输，签发全程提单，而无论他是否自己承运全程。在这种情况下，该栏可填写其中一程运输方的名称。

（3）多式联运是指承运人负责安排全程运输，签发全程提单，而无论他是否自己承运全程运输。在这种情况下该栏应留空。

例如，本任务中，由“运输说明”可知，厦门市到厦门港的公路运输的承运人为厦门翔龙国际物流有限公司，属于上述情况中的第二种情况，因此应填写运输方的名称，故该栏应填写“XIAMEN XIANGLONG LOGISTICS CO.,LTD.”。

6. 收货地（PLACE OF RECEIPT）

收货地填写承运人实际接货的地点。

7. 船名及船次（OCEAN VESSEL/VOY. NO.）

船名为由承运人配载的装货的船名，班轮运输多加注航次（Voy.No.）。

8. 装货港（PORT OF LOADING）

装货港填写实际装运货物的港名。L/C 项下，一定要符合 L/C 的规定和要求。如果 L/C 规定为“中国港口”（Chinese Port），则此时要按照装运时我国港口实际名称填写。

9. 卸货港（PORT OF DISCHARGE）

卸货港填写货物实际最终卸船的港口名称，格式为英文大写。

10. 交货港（PLACE OF DELIVERY）

交货港填写货物在转运情况下承运人最终交货的地点，格式为英文大写。如果货物的目的地就是卸货港，则该栏不填。由本任务中合同信息可知，该批货物的交接方式为Door-Door，所以交货地点为收货人的收货地址。

11. 目的地（FINAL DESTINATION FOR THE MERCHANT'S REFERENCE）

仅当在多式联运中，B/L 被用作全程转运时才填写该栏，填写内容为最终的目的地。本任务中，B/L 被用作全程转运，因此填写最终目的地，即收货人的地址。

12. 标记和唛头、集装箱号、铅封号（Marks and Nos. Container/Seal No.）

该栏应分行填写，第一行填写货物的标记和唛头信息；第二行填写集装箱号和铅封号，缩写为“CN/SN：”，第三行填写实际装运货物的集装箱号和铅封号，其中集装箱号和铅封号用“/”隔开。

例如，由本任务的《装箱单》可知，标记和唛头为N/M；集装箱号为CBHU3202732；铅封号为CS1019622。因此该栏应填：

N/M

CBHU3202732/

CS1019622

13. 包装种类和数量（NOS. & KINDS OF PKGS）

散装货物时该栏只填“In Bulk”，总件数栏可留空不填写。单位件数与包装种类都要与实际货物相符，并在总件数栏内填写英文大写数目。例如，总件数为 320 CARTONS 填写在该栏项下，然后在总件数大写栏（TOTAL NUMBER OF CONTAINERS PACKAGES IN WORDS）填写 THREE HUNDRED AND TWENTY CARTONS ONLY。如果货物包括两种以上不同包装单位（如纸箱、铁桶），则应分别填列不同包装单位的数量：

300 Cartons

400 Iron drums

700 Packages

例如，本任务中，由合同信息可知，包装种类为纸箱（CARTON）；总数量为 691。因此该栏应填写“691 CARTONS”。

14. 货物描述（DESCRIPTION OF GOODS）

原则上，《海运提单》上的货物描述应按照信用证规定填写，并与发票等其他单据相一致。但如果信用证上货物的品名较多，则《海运提单》上允许使用类别总称来表示商品名称。例如，出口货物有餐刀、水果刀、餐叉、餐匙等，信用证上分别列明了各种商品名称、规格和数量，但包装都用纸箱，此时《海运提单》上就可以笼统写为“餐具 ××× Cartons”。

15. 毛重和体积［G.W.（KG）& MEAS（M^3）］

除非信用证有特别规定，否则《海运提单》上只填写货物的总毛重和总体积，而不表明净重和单位体积。通常，重量均以千克表示，体积用立方米表示。

16. 总件数（TOTAL NUMBER OF CONTAINERS PACKAGES IN WORDS）

该栏填写集装箱的总箱数或货物的总件数，句型为 SAY…ONLY，格式为英文大写。例如，35 纸箱，填写为 SAY THIRTY FIVE CARTONS ONLY。本任务中，货物为 6910 纸箱，因此应填写“SAY SIX THOUSAND NINE HUNDRED AND TEN ONLY”。

17. 运费（FREIGHT & CHARGES）

该栏按照信用证项下提单的运费支付情况的规定填写。若在 CIF 和 CFR 条件下，则注明“Freight Prepaid”或“Freight Paid”；若在 FOB 条件下则填写“Freight Collect”或“Freight Payable at Destination”。有时租船契约提单要求填写“Freight Payable as Per Charter Party”。有时信用证还要求注明运费的金额，则按实际运费支付额填写即可。由本任务的合同信息可知，成交条件为 CIF，因此应注明“Freight Prepaid”。由附加的运费描述信息可知，运费为 3800 美元。因此该栏应填写：

Freight Prepaid

US$3800

18. 运费吨（REVENUE TONS）

运费吨是重量吨和尺码吨的总称。重量吨是按毛重计算，以每长吨或每短吨为计算运费的单位，用“W”表示。尺码吨按体积计算，以每立方米或 40 立方英尺为 1 尺码吨，用“M”表示。

19. 运费率（RATE）

运费率是指每运费吨或每件货物的运输价格。

20. 运费预付（PREPAID）

当贸易术语采用 CIF 或 CFR 时，该栏填写托运人预付运费的金额，货币格式为大写的货币符号的英文简写。

21. 运费到付（COLLECT）

当贸易术语采用 FOB 时，该栏填写收货人到付运费的金额，货币格式为大写的货币符号的英文简写。因本任务中贸易术语为 CIF，属预付款，因此该栏无须填写。

22. 预付地点（PREPAID AT）

当贸易术语采用 CIF 或 CFR 时，该栏填写托运人支付运费的预付地点，一般为装运港，格式为英文大写。本任务中，装货港为厦门港。因此应填写“XIAMEN,CHINA”。

23. 到付地点（PAYABLE AT）

当贸易术语采用 FOB 时，填写收货人支付运费的到付地点，一般为目的港，格式为英文大写。本任务采用 CIF 贸易术语，故无须填写。

24. 签发地点和日期（PLACE AND DATE OF ISSUE）

《海运提单》的签发地点一般在货物运港所在地，日期则按信用证的装运期要求，一般要早于装运日期或与装运日期同一天。有时由于船期不准造成迟延，使实际船期晚于规定的装期，发货人为了适应信用证规定，做到单证相符，要求船方同意以担保函换取较早或符合装运期的《海运提单》，这就是倒签提单（Ante-Dated B/L）；另外，有时货未装船或未开航，发货人为及早获得全套单据进行议付，要求船方签发已装船《海运提单》，即预借《海运提单》（Advanccd B/L）。这两种情况是应该避免的，如果发生问题，或者被买方察觉，则足以造成巨大经济损失和不良影响。

25. 正本海运提单份数 [NUMBER OF ORIGINAL B（S）/ L]

该栏填写托运人要求签发的正本《海运提单》的数量，格式为“英文数字”或“阿拉伯数字”或“英文数字（阿拉伯数字）”。例如，正本《海运提单》份数为 3，则填写“THREE”或“3”或“THREE（3）”。

26. 签发人签章（SIGNED FOR THE CARRIER）

该栏填写《海运提单》签发单位的名称，格式为英文大写，并加盖签单章。本任务中，签发《海运提单》的单位是南美洲轮船公司，英文为“COMPANIA SUD AMERICANA DE VAPORES S.A.”因此该栏应填写“COMPANIA SUD AMERICANA DE VAPORES S.A.”。

27. 装船日期（DATE）

该栏填写装船的实际日期。

28. 船名（LOADING ON BOARD VESSEL BY）

该栏填写承运人装货的船名，班轮运输多加注航次（Voy.No.）。

综合上述信息后，张珊珊填写完成的《海运提单》如图 1-35 所示。

<table>
<tr><td colspan="2">SHIPPER（托运人）
XIAMEN TIANJIA MANUFACTURING CO.,LTD.
NO.18，WEST FANGSHAN ROAD,XIANGAN,XIAMEN
361101</td><td rowspan="5">B/L NO.（提单号）
KAGTYHTC153857

CSAV
南美洲轮船公司
COMPANIA SUD AMERICANA DE VAPORES S.A..

ORIGINAL
Combined Transport Bill of Lading</td></tr>
<tr><td colspan="2">CONSIGNEE（收货人）
SALI NEW ENERGY LTD.
DIDUBE DISTRICT, DIGOMI MASIVI I BLOCK,BUILDING
12,APARTMENT 1.TBILISI 0159,GEORGI</td></tr>
<tr><td colspan="2">NOTIFY PARTY（通知人）
SAME AS CONSIGNEE</td></tr>
<tr><td>PR-CARRIAGE BY
（前程运输）
XIAMEN XIANGLONG
LOGISTICS CO.,LTD.</td><td>PLACE OF RECEIPT
（收货地）
XIAMEN，CHINA</td></tr>
<tr><td>OCEAN VESSEL/VOY. NO.
（船名及航次）
AGROS/709</td><td>PORT OF LOADING
（装货港）
XIAMEN,CHINA</td></tr>
<tr><td>PORT OF DISCHARGE
（卸货港）
POTI,GEORGIA</td><td>PLACE OF DELIVERY
（交货港）
SALI NEW ENERGY LTD.
DIDUBE DISTRICT,
DIGOMI MASIVI I
BLOCK,BUILDING
12,APARTMENT 1.TBILISI
0159,GEORGI</td><td>FINAL DESTINATION FOR THE MERCHANT’S
REFERENCE（目的地）
DIDUBE DISTRICT, DIGOMI MASIVI I BLOCK,BUILDING
12,APARTMENT 1.TBILISI 0159,GEORGI</td></tr>
</table>

<table>
<tr><td>Marks and Nos.
Container/Seal No.
（标记和唛头、集装箱号、铅封号）</td><td>NOS.& KINDS OF PKGS
（包装种类和数量）</td><td>DESCRIPTION OF GOODS
（货物描述）</td><td>G.W.（KG）
（毛重）</td><td>MEAS（M^3）
（体积）</td></tr>
<tr><td>N/M
CBHU3202732/
CS1019622</td><td>691 CARTONS</td><td>FUEL BATTERY
691 CARTONS</td><td>14932.00</td><td>23.15</td></tr>
<tr><td colspan="5">TOTAL NUMBER OF CONTAINERS PACKAGES IN WORDS（总件数）
SAY SIX THOUSAND NINE HUNDRED AND TEN ONLY</td></tr>
</table>

图 1-35　填写完成的《海运提单》

<table>
<tr><td>FREIGH & CHARGES
（运费）
Freight Prepaid
US$3800</td><td>REVENUE TONS
（运费吨）</td><td>RATE
（运费率）</td><td>PER
（计费单位）</td><td>PREPAID
（运费预付）
US$3800</td><td>COLLECT
（运费到付）</td></tr>
<tr><td>PREPAID AT
（预付地点）
XIAMEN,CHINA</td><td>PAYABLE AT
（到付地点）</td><td colspan="4">PLACE AND DATE OF ISSUE（签发地点和日期）
XIAMEN，CHINA
2016 年 3 月 1 日</td></tr>
<tr><td>TOTAL PREPAID
（预付总金额）
US $ 3800</td><td>NUMBER OF ORIGNAL B（S）/L
（正本海运提单份数）
THREE（3）</td><td colspan="4" rowspan="2">SIGNED FOR THE CARRIER（签发人签章）

COMPANIA SUD AMERICANA DE VAPORES S.A.</td></tr>
<tr><td>DATE（装船日期）
2016 年 3 月 1 日</td><td>LOADING ON BOARD VESSEL BY（船名）
AGROS/709</td></tr>
</table>

图 1-35 填写完成的《海运提单》（续）

任务评价

通过上述任务学习，教师可组织三方评价，并针对学生任务的执行情况进行点评。请学生扫描以下二维码，完成任务评价表的填写。

项目二

海运进口货代单证

任务一 海运进口接单换单（提货单）

任务环节

海运进口共要经过 5 个流程，具体流程如图 2-1 所示。欢迎进入任务一，制作海运进口《提货单》。

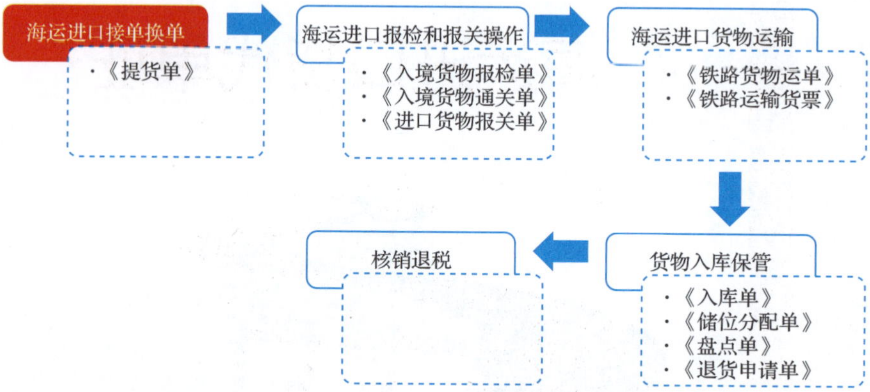

图 2-1　海运进口流程

任务目标

知识目标	（1）了解《提货单》的含义； （2）掌握《提货单》的内容； （3）掌握《提货单》的填写要点
技能目标	（1）能够根据已有资料快速提取信息要点； （2）能够事先准备好填写《提货单》需要的各项单证； （3）能够按照业务要求将提取的要点准确填入《提货单》
素养目标	（1）具备良好信息整合能力； （2）具有良好的团队合作精神和沟通能力； （3）具备一定的风险防范意识和良好的专业规范行为

任务展示

厦门开展贸易有限公司，自 1996 年成立以来，以咖啡系列商品为主业，进口配销国内外优质食品及饮品原料。

德国霍曼贸易公司是集咖啡的研究和经营于一体的专业型公司，公司经营咖啡豆、咖啡成品等一系列产品，产品出口欧洲、南美洲、亚洲等国家和地区。

厦门开展贸易有限公司从德国霍曼贸易公司进口一批炭烧咖啡（Sumiyaki Coffee）。该批货物由中国远洋运输（集团）总公司承运，并于 2016 年 5 月 1 日到达天津新港太平洋码头。厦门开展贸易有限公司委托厦门翔龙国际物流有限公司代理该批货物的进口提货、通关手续，以及货物的仓储与配送业务。厦门翔龙国际物流有限公司的业务员王甜甜收到全套单据之后，首先将运费交到相关部门，其中运费总价为 1190.00 美元；保险费率为发票金额千分之三（0.3%）；杂费等各项费用合计 796.00 美元。然后，王甜甜换单缴纳相关费用，取得《提货单》，并完成《提货单》的填制。

王甜甜获得的相关单据包括《销售合同》（见图 2-2）、《海运单》（见图 2-3）、《发票》（见图 2-4）、《装货单》（见图 2-5）。

销售合同
sales contract

Contract No.: HT-2016-073
Date: 1 Apr, 2016
Signed AT: Xiamen/Steinhagen

买方（The Buyer）: 厦门开展贸易有限公司（XIAMEN KAIZHAN TRADING CO.,LTD）
地址（ADDRESS）：厦门市翔安区舫山西路 28 号 ,361101（NO.28，WEST FANGSHAN ROAD, XIANG'AN, XIAMEN，361101）
Tel: 0592-729×××× Fax: 0592-729××××
卖方（The Sellers）: 德国霍曼贸易公司（HORMANN KG VERKAUFSGESELLSCHAFT）
地址（ADDRESS）: UPHEIDER WEG 94-98 D-33803 STEINHAGEN, GERMANY
Tel: 49（0）5204-91×××× Fax: 49（0）5204-91××××
This purchase contract is made by and between the seller and the buyer, whereby the seller agrees to sell and the buyer agrees to buy the under-mentioned goods according to the terms and conditions stipulated below:
本合同经卖方和买方确认，具体条款如下：

MARKS & NOS. 标记和唛头	Name of Commodity ,Specifications 商品名称、规格	Quantity 数量	Unit Price 单价	Total Amount 总价
N/M	Sumiyaki Coffee 炭烧咖啡 6507809010	6000 SETS	US$ 50.00	CIF POTI US$ 300000.00
总值 Total Value	SAY U.S. DOLLARS THREE HUNDRED THOUSAND ONLY			

1.PRICE TERMS（价格术语）：CIF XIAMEN
2.PACKING（包装）: 纸箱（CARTON）1 SET/BOX, 10 BOXES/CTN
3. Port of Shipment（装货港）: HAMBURG，Germany（德国汉堡港）
4. Port of Destination（目的港）: XINGANG,CHINA（中国新港）
5. Time of Shipment（装船时间）:BEFORE FEB 2016（2016 年 5 月前）
6. Shipping Mark（唛头）: N/M
7. Terms of Payment（付款方式）: L/C（信用证）
8. Country of Origin & Manufacturer（原产国）: GERMANY（德国）
9. Insurance(保险): To be covered by the buyer for 110% of the total invoice value against all risks as per the China Insurance Clauses.(买方按中国保险条款投保一切险，投保发票总额的 110%)。
10.Claim（索赔）: Within 30 days after the arrival of the goods at the destination, should the quality, specifications or quantity be found not in conformity with the stipulations of the contract except those claims for which the insurance company or the owners of the vessel are liable. The buyers shall, have the right on the strength of the inspection certificate issued by the C.C.I.C and the relative documents to claim for compensation to the sellers.（在货到目的口岸 30 天内如发现货物品质、规格和数量与合同不符，除属保险公司或船

图 2-2 《销售合同》

方责任外，买方有权凭中国商检出具的检验证书或有关文件向卖方索赔换货或赔款）。

11.Force Majeure（不可抗力）：The sellers shall not be held responsible for the delay in shipment or non-delivery of the goods due to Force Majeure, which might occur during the process of manufacturing or in the course of loading or transit. The sellers shall advise the buyers immediately of the occurrence mentioned above the within fourteen days there after. The sellers shall send by airmail to the buyers for their acceptance certificate of the accident. Under such circumstances the sellers, however, are still under the obligation to take all necessary measures to hasten the delivery of the goods.（由于人力不可抗力的原因，发生在制造、装载或运输的过程中，导致卖方延期交货或不能交货者，卖方可免除责任。在不可抗力发生后，卖方须立即电告买方并在 14 天内以空邮方式向买方提供事故发生的证明文件，在上述情况下，卖方仍须负责采取措施尽快发货）。

12.Arbttration（仲裁）: All disputes in connection with the execution of this contract shall be settled friendly through negotiation. In case no settlement can be reached, the case then may be submitted for arbitration to the Arbitration Commission of the China Council for the Promotion of International Trade in accordance with the Provisional Rules of Procedure promulgated by the said Arbitration Commission. The Arbitration committee shall be final and binding upon both parties. And the Arbitration fee shall be borne by the losing parties.（凡有关执行合同所发生的一切争议应通过友好协商解决，如协商不能解决，则将分歧提交中国国际贸易促进委员会按有关仲裁程序进行仲裁，仲裁将是终局的，双方均受其约束，仲裁费用由败诉方承担）。

买方（BUYER）：厦门开展贸易有限公司（XIAMEN KAIZHAN TRADING CO.,LTD）

签字（Signature）

卖方（SELLER）：德国霍曼贸易公司（HORMANN KG VERKAUFSGESELLSCHAFT）

签字（Signature）

图 2-2 《销售合同》（续）

<table>
<tr><td colspan="4">Shipper
HORMANN KG VERKAUFSGESELLSCHAFT
UPHEIDER WEG 94-98D-33803 STEINHAGEN</td><td colspan="2" rowspan="2">Sea Way Bill</td></tr>
<tr><td colspan="4">Consignee
XIAMEN KAIZHAN TRADING CO.,LTD
NO.28，WEST FANGSHAN ROAD, XIANG'AN, XIAMEN，361101</td></tr>
<tr><td colspan="4">Notify Party（No liability shall attach to the Carrier or to his Agent for failure to notify. See Clause 14）
XIAMEN KAIZHAN TRADING CO.,LTD
NO.28，WEST FANGSHAN ROAD, XIANG'AN, XIAMEN，361101</td><td colspan="2">Delivery Agent
CHINA OCEAN SHIPPING（GROUP）CO.</td></tr>
<tr><td colspan="2">Place of Receipt
（multimodal transport only）</td><td colspan="2">Pre-carriage by</td><td>Port of loading
HAMBURG</td><td rowspan="2">Sea Way bill-No.
0020-0075-203.160</td></tr>
<tr><td colspan="2">Vessel
COSCO MSCA</td><td colspan="2">Voyage No
799</td><td>Port of transshipment</td></tr>
<tr><td colspan="2">Port of discharge
XINGANG, CHINA</td><td colspan="2">Place of Delivery（multimodal transport only）
XINGANG,CHINA</td><td>Movement
DOOR-DOOR</td><td>Freight payable at
DESTINANTION</td></tr>
<tr><td colspan="6">PARTICULARES FURNISHED BY SHIPPER-CARRIER NOT RESPONSIBLE（See Clause 7.3）</td></tr>
<tr><td>Marks and Numbers
N/M</td><td colspan="2">Number of packages
Container NO.
Seal NO.
1/20GP/ CBHU3202799
/ CS1019699</td><td>Description of goods
60000CARTONS
Sumiyaki Coffee</td><td>Gross weight
4832.00KGS</td><td>Measurement
23.99M^3</td></tr>
<tr><td colspan="4">OCEAN FRIGHT AND CHARGES Prepaid Collect
Rates weight and/or Measurement
Subject to correction
Total amount due</td><td colspan="2">NO VALUE DECLARED</td></tr>
<tr><td colspan="6">Place and date of issue: FOR AND ON BEHALF OF THE CARRIER
HAMBURG 01/04/2016 Blue anchor
Line</td></tr>
</table>

图 2-3 《海运单》

德国霍曼贸易公司

HORMANN KG VERKAUFSGESELLSCHAFT

INVOICE

TO: XIAMEN KAIZHAN TRADING CO.,LTD

NO.28，WEST FANGSHAN ROAD, XIANG'AN, XIAMEN，361101

INV.NO.: MM-MAR160220

INV.DATE: FEB.12.2016

S/C NO.: HT-2016-073

FROM: HAMBURG，Germany　TO: XINGANG,CHINA　SHIPPED BY: ________

MARKS&NOS.	DESCRIPTION OF GOODS	QUANTITY	UNIT PRICE	AMOUNT
N/M	Sumiyaki Coffee	6000 SETS	US$ 50.00	US$ 300000.00

TATOL AMOUNT IN WORDS: SAY U.S. DOLLARS THREE HUNDRED THOUSAND ONLY

TOTAL G.W./TOTAL N.W.:4832.00KGS/4600.00KGS

TOTAL PACKAGES: 6000CTNS

德国霍曼贸易公司

HORMANN KG VERKAUFSGESELLSCHAFT

图 2-4 《发票》

装 货 单

<table>
<tr><td colspan="2">Shipper（发货人）
HORMANN KG VERKAUFSGESELLSCHAFT
UPHEIDER WEG 94-98 D-33803 STEINHAGEN, GERMANY</td><td>D/R NO.
（编号）</td></tr>
<tr><td colspan="2">Consignee（收货人）
XIAMEN KAIZHAN TRADING CO.,LTD
NO.28，WEST FANGSHAN ROAD, XIANG'AN, XIAMEN，361101</td><td>第
联</td></tr>
<tr><td colspan="2">Notify Party（通知人）
SAME AS CONSIGNEE</td><td rowspan="2">Received by the Carrier the Total number of containers or other packages or units stated below to be transported subject to the terms and conditions of the Carrier's regular form of Bill of Lading（for Combined Transport or Port to Port Shipment）Which shall be deemed to be incorporated herein.
Date（日期）：</td></tr>
<tr><td>Pre-carriage by（前程运输）</td><td>Place of Receipt（收货地点）</td></tr>
<tr><td>Ocean Vessel/Vog. No.（船名 / 船次）
COSCO MSCA/799</td><td colspan="2">Port of Loading（装货港）
HAMBURG，Germany</td></tr>
<tr><td>Port of Discharge（卸货港）
XINGANG,CHINA</td><td>Place of Delivery（交货地点）
XIAMEN KAIZHAN TRADING CO.,LTD
NO.28，WEST FANGSHAN ROAD, XIANG' AN, XIAMEN，361101</td><td>Final Destination for the Merchant's Reference（目的地）
NO.28，WEST FANGSHAN ROAD, XIANG'AN, XIAMEN，361101</td></tr>
</table>

图 2-5 《装货单》

Container NO.（集装箱号）	Seal No./ Marks&Nos.（封志、标记与唛头）	No. of Containers or Packages.（箱数或件数）	Kind of Packages; Description of Goods（包装种类与货名）	Gross Weight（KGS）毛重（千克）	Measurement（M^3）尺码（立方米）
CBHU3202799	CS1019699 N/M	600CARTONS	CARTON Sumiyaki Coffee	4832.00KGS	23.99M^3

TOTAL NUMBER OF CONTAINERS OR PACKAGES（IN WORDS） 集装箱数或件数合计（大写）	1×20′GP

FREIGHT & CHARGES	Prepaid at（预付地点） HAMBURG，Germany	Payable at（到付地点）	Place of Issue（签发地点） HAMBURG，Germany
	Total Prepaid（预付总额）	No.of Original B（s）/L（正本提单份数） THREE（3）	BOOKING（订舱确认） APPROVED BY

Service Type on Receiving □－CY □－CFS □－DOOR	Service Type on Delivery □－CY □－CFS □－DOOR	Reefer Temperature Required.（冷藏温度）	°F	°C

TYPE OF GOODS（货物种类）	□ Ordinary（普通） □ Reefer（冷藏） □ Dangerous（危险品） □ Auto（裸装车辆）	危险品	Class: Property:
	□ Liquid（液体） □ Live Animal（活动物） □ Bulk（散货） □____		IMDG Code Page: UN NO.

图 2-5 《装货单》（续）

任务准备

扫一扫

请扫描以下二维码，了解海运进口接单换单的相关知识。

任务执行

步骤一：准备《提货单》相关资料

各企业的提货单均有差异，中国远洋运输（集团）总公司的《提货单》中的信息包括发货人（托运人）、收货人、起运港、目的港、货物描述及其他信息等。

通过查阅相关资料，上述相关信息会在《装箱单》《发票》《销售合同》中列明。例如，货物最小包装数量、单价、总价等都可以从《发票》上获得。

通过对比分析，王甜甜将《提货单》中需要的信息逐一标出，以待后续使用时可以快速找到。

步骤二：认识提单各信息含义

1. 收货人

该栏填写收货人的名称和地址，格式为英文大写。

2. TEL/FAX

该栏填写收货人的联系电话和传真号码，中间以 / 隔开。

3. 船名

该栏填写装运货物的船名，格式为英文大写。例如，AXEL MAERSK /791E 的船名填写“AXEL MAERSK”。

4. 航次

该栏填写装运货物船舶的航次。例如，AXEL MAERSK/791E 的航次填写“791E”。

5. 起运港

该栏填写实际装船港口的名称，格式为英文大写。

6. 目的港

该栏填写实际卸下货物的港口名称，格式为英文大写。

7. 提单号

该栏填写本批货物提单号。根据本任务的《海运单》可知，提单号为 0020-0075-203.160，因此该栏应填写“0020-0075-203.160”。

8. 交付条款

该栏按实际情况，填写本次交易的交付条款，如 CFS TO CFS 或 CY-CY。查阅本任务的《装箱单》可知，交付条款为 DOOR-DOOR，因此该栏应填写“DOOR-DOOR”。

9. 第一程运输

该栏填写转运货物情况下的第一程运输情况；如果没有则不填。本任务中没有相关信息，故留空。

10. 集装箱号

该栏填写实际运输所用的集装箱编号。集装箱箱号可通过查阅《装箱单》获取。

通过查阅本任务的《装箱单》可知，集装箱号为 CBHU3202799。因此该栏应填写“CBHU3202799”。

11. 箱数

该栏填写实际运输所用集装箱的箱数情况，如 1×20′GP 表示使用了一个 20 英尺的普通集装箱，箱数可通过查阅《装箱单》获取。通过查阅本任务的《装箱单》可知，箱数为 1×20′GP。因此该栏应填写“1×20′GP”。

12. 换单日期

该栏填写换《提货单》的日期，格式为年、月、日。本任务的到港时间为 2016 年 5 月 1 日，因此可在当天换单，故该栏应填写“2016 年 5 月 1 日”。

13. 卸货地点

该栏填写本批货物的交货地点，格式为英文大写。通过查阅本任务的《销售合同》或《装箱单》信息可知，卸货港为 XINGANG,CHINA。因此该栏应填写“XINGANG,CHINA”。

14. 标记、唛头

该栏填写货物的标记或唛头信息，如果没有说明，则直接填写 N/M。通过查阅本任务的《发票》或《装箱单》可知，标记、唛头为 N/M。因此该栏应填写“N/M”。

15. 货物名称

该栏填写货物名称，格式为先写（大写的）英文名称，再换行写中文名称。货物名称可以通过查阅《销售合同》《发票》或《装箱单》获取。

16. 件数与包装

该栏根据实际情况填写最小运输包装的数量，并注明包装情况，包装情况为英文大写。例如，50 箱直接填写为 50CARTONS。通过查阅本任务的《销售合同》可知，本次交易的商品数量为 600，包装为纸箱，因此该栏应填写“600CARTONS”。

17. 重量

该栏填写本批货物的总毛重，以千克为计量单位，保留两位小数。查阅本任务的《装箱单》可知，货物的毛重为 4832.00KGS。因此该栏应填写“4832.00KGS”。

18. 体积

该栏填写本批货物的总体积，以立方米为计量单位，保留两位小数。查阅本任务的《装箱单》可知，货物的体积为 23.99M^3。因此该栏应填写“23.99M^3”。

步骤三：填制提货单

综合上述信息后，张珊珊填写完成的《提货单》如图 2-6 所示。

提货单							
						海关编号	
收货人	XIAMEN KAIZHAN TRADING CO.,LTD. NO.28，WEST FANGSHAN ROAD, XIANG’AN, XIAMEN, 361101				下列货物已办妥手续，运费结清，准予交付收货人		
TEL/FAX	0592-729××××/0592-729××××						
船名	COSCO MSCA	航次	799	起运港	HAMBURG，GERMANY	目的港	XINGANG,CHINA
提单号	0020-0075-203.160	交付条款	DOOR-DOOR		第一程运输		
集装箱号	CBHU3202799	箱数	1×20′GP	换单日期	2016 年 5 月 1 日	卸货地点	XINGANG,CHINA
标记、唛头		货物名称		件数与包装	重量（KGS）		体积（M^3）
N/M		Sumiyaki Coffee 炭烧咖啡		600CARTONS	4832.00KGS		23.99M^3
收货人章		海关章					

注意事项：

1. 本提货单需要有船代（船公司）放货章和海关放行章后方始有效。凡属法定检验、检疫的进口商品，必须向检验检疫机构申报。
2. 货物超过港存期，码头公司可以按有关规定处理。在规定期间无人提取的货物，按《海关法》和国家有关规定处理。

图 2-6　填写完成的《提货单》

任务评价

通过学习上述任务，教师可组织三方评价，并针对学生的任务执行情况进行点评。请学生扫描以下二维码，完成任务评价表的填写。

任务二 海运进口报检和报关操作（入境货物报检单、入境货物通关单、进口货物报关单）

任务环节

海运进口共要经过5个流程，具体流程如图2-7所示。欢迎进入任务二，制作《入境货物报险单》《入境货物通关单》《进口货物报关单》。

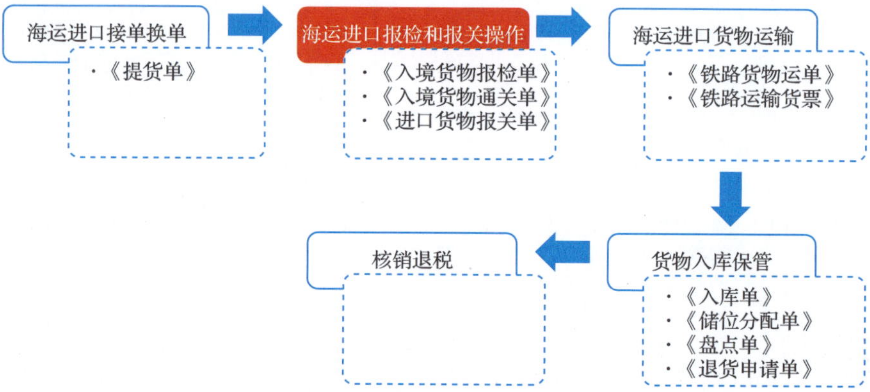

图2-7 海运进口流程

任务目标

知识目标	（1）了解《入境货物报检单》《入境货物通关单》《进口货物报关单》在进口报检、报关环节中的作用； （2）掌握《入境货物报检单》《入境货物通关单》《进口货物报关单》的主要内容； （3）掌握《入境货物报检单》《入境货物通关单》《进口货物报关单》的填制规范
技能目标	（1）能够根据提示在相关网站查找相关信息； （2）能够准备报检环节、报关环节所需的全套单证； （3）能够准确填制《入境货物报检单》《入境货物通关单》《进口货物报关单》
素养目标	（1）具备良好的政策关注度； （2）具有良好的团队合作能力、沟通能力； （3）具备一定的风险防范意识和良好的专业规范行为

任务展示

厦门开展贸易有限公司从德国霍曼贸易公司进口一批炭烧咖啡（Sumiyaki Coffee）。该批商品由中国远洋运输（集团）总公司承运，厦门开展贸易有限公司委托厦门翔龙国际物流有限公司（以下简称“厦门翔龙”）代理该批货物的进口提货、通关手续，以及货物的仓储与配送业务。

2016 年 5 月 1 日，货物到达天津新港太平洋码头后，5 月 2 日，厦门开展贸易有限公司将《代理报检委托书》（见图 2-8）交至厦门翔龙的客服处，厦门翔龙客服将厦门开展贸易有限公司的《代理报检委托书》等相关资料转交至厦门翔龙货代部主管张静，张静安排报检客服王甜甜准备入境报检的相关单据，并由王甜甜（联系电话：1395599××××）完成《入境货物报检单》《入境货物通关单》《进口货物报关单》的制作。其中，运费总价为 1190.00 美元；保险费率为发票金额千分之三（0.3%）；杂费等各项费用合计 796.00 美元。

代 理 报 检 委 托 书

编号：

天津 出入境检验检疫局：

本委托人（备案号 / 组织机构代码 3800600399 ）保证遵守国家有关检验检疫法律、法规的规定，保证所提供的委托报检事项真实、单货相符。否则，愿承担相关法律责任。具体委托情况如下。

本委托人将于 2016 年 5 月间进口 / 出口如下货物：

品名	炭烧咖啡	H.S. 编码	6507809010
数（重）量	6000 件 /4600.00 千克	包装情况	6000 纸箱
信用证 / 合同号	1256SL801161/ HT-2016-073	许可文件号	X3502-012-03499
进口货物 收货单位及地址	厦门开展贸易有限公司 厦门市翔安区舫山西路 28 号	进口货物提 / 运单号	0020-0075-203.160
其他特殊要求	无特殊要求		

特委托 厦门翔龙国际物流有限公司 （代理报检注册登记号 3800910179 ），代表本委托人办理上述货物的下列出入境检验检疫事宜：

1. 办理报检手续；
2. 代缴纳检验检疫费；
3. 联系和配合检验检疫机构实施检验检疫；
4. 领取检验检疫证单。
5. 其他与报检有关的相关事宜：

联 系 人： 张萌

联系电话： 1388876××××

本委托书有效期至： 2016 年 7 月 15 号

委托人（加盖公章）厦门开展贸易有限公司

日 期： 2016 年 5 月 2 日

图 2-8 《代理报检委托书》

受托人确认声明

本企业完全接受本委托书。保证履行以下职责：

1. 对委托人提供的货物情况和单证的真实性、完整性进行核实；
2. 根据检验检疫有关法律法规规定办理上述货物的检验检疫事宜；
3. 及时将办理检验检疫手续的有关委托内容的单证、文件移交委托人或其指定的人员；
4. 如实告知委托人检验检疫部门对货物的后续检验检疫及监管要求。

如在委托事项中发生违法或违规行为，愿承担相关法律和行政责任。

联 系 人：王甜甜

联系电话：1395599××××

受托人（加盖公章） 厦门翔龙国际物流有限公司

日　期：　　2016 年 5 月 2 日

图 2-8 《代理报检委托书》（续）

附加信息如下。

德国霍曼贸易公司产品生产许可证信息：
单位名称：德国霍曼贸易公司
产品名称：炭烧咖啡
生　产　地　址：UPHEIDER WEG 94-98 D-33803 STEINHAGEN, GERMANY
证书编号：X3502-012-03499
有效期至：2017 年 12 月 25 日

厦门翔龙报检单位注册登记证书信息：
注册登记号：3800910179
企业名称：厦门翔龙国际物流有限公司
法定代表人：林鑫龙
组织机构代码：350209200500423
单位地址：厦门海沧区大名路 168 号
报检区域：天津、厦门出入境检验检疫局辖区

厦门开展贸易有限公司报检单位注册登记证书信息：
备案登记号：3800600399
进口许可证：X3511-011-03432
企业名称：厦门开展贸易有限公司
法定代表人：陈晓
组织机构代码：350206200412599
单位地址：厦门市翔安区舫山西路 28 号

任务准备

扫一扫

请扫描以下二维码，了解海运进口报检和报关操作的相关知识。

任务执行

步骤一：认识并填制《入境货物报检单》

在本步骤中，王甜甜准备好《装货单》《发票》《销售合同》《代理报检委托书》及双方公司的基本证件资料后，开始制作统一格式的《入境货物报检单》。王甜甜在主管的指导下，通过查阅相关资料，了解到《入境货物报检单》中各项内容含义如下。

1. 报检单位（加盖公章）

报检单位是指向商检机构申请报检的单位名称全称，该栏需加盖申请报检单位在商检机构备案的印章。本任务中，厦门开展贸易有限公司委托厦门翔龙代理报检，因此向天津商检机构申请报检的单位为厦门翔龙，该栏应填写“厦门翔龙国际物流有限公司”，并加盖厦门翔龙在商检机构备案的印章。

2. 报检单位登记号

报检单位登记号指报检单位在检验检疫机构备案或注册登记后取得的 10 位数代码。

3. 联系人

联系人指报检本批货物的报检员姓名。

4. 电话

电话指报检本批货物的报检员电话号码。

5. 报检日期

报检日期指商检机构接受报检单位报检的日期。在日常业务中，报检日期一般是制单日期或电子数据发送的日期。在日常操作中，货代公司出于业务操作时效的考虑或为了满足客户服务时效的要求，会在收到委托单据的当天开始着手单据制作。本任务中，王甜甜于 2016 年 2 月 15 日收到委托书，即刻开始制作《入境货物报检单》，制单日期为 2016 年 5 月 2 日，此处报检日期可填写制单日期，即填写“2016 年 5 月 2 日”。

6. 收货人（中文 / 外文）

该栏填写本批货物贸易合同或信用证中买方的中英文名称，英文名称格式为英文大写。

7. 企业性质

该栏应根据收货人的企业性质，在对应的“□”上打“√”。本任务中，厦门开展贸易有限公司与德国霍曼贸易公司属于合作贸易型关系，因此在“合作”对应的“□”上打“√”。

8. 发货人（中文 / 外文）

该栏填写本批货物贸易合同中卖方名称或信用证中受益人的中英文名称，英文名称格式为英文大写。

9. 货物名称（中文 / 外文）

货物名称指录入 H.S. 编码条目名称或货物的实际名称及规格，当填写实际名称时则需与信用证上所列货物名称一致，中外文对应，格式为“中文名称 / 英文（大写）名称”。同时，可根据需要填写型号、规格等信息，位置不够填写时可用附页的形式填报，超过 20 个品名后需分单报检。本任务只进口一种产品——炭烧咖啡，根据《出入境检验检疫机构实施检验检疫的进出境商品目录》（下文简称《检验目录》）及信用证，此处填写“炭烧咖啡 / SUMIYYAKI COFFEE”。

10. H.S. 编码

H.S. 编码是指出口货物按《商品分类及编码协调制度》中所列货物的编码，以海关公布的商品税规则编码分类为准。本任务中根据最新的《检验目录》查询可知，其 H.S. 编码为 6507809010，因此该栏填写“6507809010”。

11. 原产国（地区）

该栏填写本批进口货物的生产、开采或加工制造的国家或地区的中文名称，品名相同但原产国不同的进口货物应分别填报该栏。本任务中只有一种货物，原产地是德国，因此该栏应填写“德国”。

12. 数 / 重量

该栏指合同和发票上的货物数量和净重，需注明中文单位且重量需保留两位小数。本任务中数量为 6000SET，净重为 4600.00 千克，因此该栏填写“6000 件 /4600.00 千克”。

13. 货物总值

该栏填写货物在合同、发票或报关单上所列的金额总值，格式为“数值 + 中文币制”，数值保留两位小数，如 3000.00 美元。

14. 包装种类及数量

该栏填写本批货物运输包装的种类及数量，并注明包装材质是否有多个 H.S. 编码，要根据每个 H.S. 编码对应填写包装种类及数量。本任务中，根据装箱单可知，货物只有单一的炭烧咖啡，10 件一箱，共 600 箱，因此该栏填写“600 纸箱”。

15. 运输工具名称和号码

该栏填写实际装运本批货物并出口的运输工具的名称和编号，格式为“运输工具名称 / 航次号”，如“CGM CALLISO/FL742W”。本任务中，船名 / 航次为 COSCO MSCA/799。因此该栏应填写“COSCO MSCA/799”。

16. 合同号

该栏填写本批货物所属的成交合同编号或订单号码。由本任务中的信息可知，本次成交的合同编号为 HT-2016-073，因此该栏应填写“HT-2016-073”。

17. 贸易方式

该栏填写本批货物的贸易方式，根据实际情况选择填写一般贸易、来料加工、进料加工、易货贸易、补偿贸易、其他非贸易性物品、其他贸易性货物等。本任务为国内贸易公司进口国外的产品，属于一般贸易，因此该栏填写“一般贸易”。

18. 贸易国别（地区）

该栏填写出口商所在国家的中文名称。本任务中，出口商为德国霍曼贸易公司，所在国家是德国，因此该栏应填写“德国”。

19. 提单 / 运单号

该栏填写实际提单号或运单号，如有两程提单时应同时填写。根据本任务的《提货单》信息可知，提单号为0020-0075-203.160，因此该栏应填写“0020-0075-203.160”。

20. 到货日期

该栏填写进口货物到达国境口岸的日期，格式为年、月、日。本任务中，货物到达中国新港的时间为2016年5月1日，因此该栏应填写“2016年5月1日”。

21. 启运国家（地区）

该栏填写本批货物始发国家（地区）的中文名称。本任务中，出口商为德国霍曼贸易公司，所在启运地是德国，因此该栏应填写“德国”。

22. 许可证 / 审批号

许可证 / 审批号指需办理加工单位注册登记、备案登记等许可证类手续的出境货物取得的相关许可证或审批的号码。本任务中，该栏填写德国霍曼贸易公司的炭烧咖啡生产许可证号码“X3502-012-03499”。

23. 卸货日期

该栏填写本批货物卸离运输工具的实际日期，格式为年、月、日。本任务中，货物到港后就马上卸货，因此该栏填写“2016年5月1日”。

24. 启运口岸

该栏填写装运本批货物的运输工具最后一次直运的启运口岸的中文名称。根据本任务中的信息可知，起运地是德国汉堡港（HAMBURG，Germany），因此该栏应填写“汉堡港”。

25. 入境口岸

该栏填写装运本批货物的运输工具入境时首次停靠的口岸的中文名称。根据本任务中的信息可知，到达我国首次停靠的口岸是中国新港（XINGANG,CHINA），因此该栏应填写“中国新港”。

26. 索赔有效期

该栏填写合同规定的索赔期限。根据本任务中信息可知，索赔条款中列有“在货到目的口岸30天内如发现货物品质、规格和数量与合同不符，除属保险公司或船方责任外，买方有权凭中国商检出具的检验证书或有关文件向卖方索赔换货或赔款”。本任务的货物到港时间为2016年5月1日，有30天的有效期，因此该栏应填写“2016年5月1日至2016年5月30日”。

27. 经停口岸

该栏填写本批货物启运后，到达目的地前中途停靠的口岸中文名称，若无经停口岸则不填。本任务中无经停口岸，故该栏无须填写，以“***”代替即可。

28. 目的地

该栏填写本批货物的境内使用、销售或最终运抵地的中文名称。本任务中最终目的地是厦门，因此该栏应填写“厦门”。

29. 集装箱规格、数量和号码

该栏填写装载本批货物的集装箱规格及分别对应的数量，以及集装箱号码全称。例如，使用 1 个 20 英尺的普通集装箱，集装箱号为 HLCU1234567，则填写为“1×20'GP，HLCU1234567”，注意符号使用英文格式。若为非集装箱运输，则该栏可不填。根据本任务的信息可知，使用 1 个 20 英尺的普通集装箱，集装箱号为 CBHU3202799，因此应填写“1×20'GP，CBHU3202799”。

30. 合同订立的特殊条款以及其他要求

该栏填写对商检机构出具检验证书的要求，以及检验检疫条款的内容，若没有则该栏不填。本任务中无其他要求，所以该栏用“***”代替。

31. 货物存放地点

该栏填写卸船后货物的实际存放地点，空运方式时可不用填写。本任务中卸货后先暂存中国新港，故该栏应填写“中国新港”。

32. 用途

该栏填写本批货物在境内的实际用途，如种用、食用、奶用、观赏、演艺、伴侣、实验、药用、饲用、加工、销售，一般用途明确的商品也可不填。本任务中炭烧咖啡进口是为了销售，因此该栏填写“销售”。

33. 随附单据（划“√”或补填）

随附单据指报检企业向检验检疫机构申请出具的证单，应在对应的“□”内打“√”或补填，并可注明所需证单的正副本数量，但最多不得超过一正二副。本任务中，炭烧咖啡为法检出口，需要商检机构出具入境货物通关单，因此在“入境货物通关单”前打“√”。

34. 标记及号码

该栏填写本批货物运输包装上的标记及号码，应与合同、发票等有关外贸单据保持一致，若没有标记号码，则填“N/M”。根据本任务中信息可知，没有标记号码，故该栏应填写“N/M”。

35. 报检人郑重声明

报检员在认真阅读本单据后应郑重签名，以承担相应的法律责任。

36.* 检验检疫费

该栏填写对本批货物进行检验检疫应收取的费用。该栏下的“总金额”“计费人”“收费人”由检验检疫机构填写。因此，此处应留空。

37.* 编号

在报检单中，有一个带“*”的项目，即“* 编号”，该栏由出入境检验检疫机关填写。

38. 领取证单

该栏的日期及签名指领取单证的日期及报检员的亲笔签名。此处在申请报检，等待商检机构审批受理后，报检员再次领取所需单证时签名，因此此时不需要填写。

在整理完上述信息后，王甜甜填写完成的《入境货物报检单》如图 2-9 所示。

中华人民共和国出入境检验检疫

入境货物报检单

报检单位（加盖公章）：		厦门翔龙国际物流有限公司				*编号	
报检单位登记号：	3800910179	联系人：	王甜甜	电话：	1395599××××	报检日期：	2016 年 5 月 2 日

收货人	（中文）	厦门开展贸易有限公司	企业性质（划“√”或补填）	□合资☑合作 □外资
	（外文）	XIAMEN KAIZHAN TRADING CO.,LTD.		
发货人	（中文）	德国霍曼贸易公司		
	（外文）	HORMANN KG VERKAUFSGESELLSCHAFT		

货物名称（中 / 外文）	H.S. 编码	原产国（地区）	数 / 重量	货物总值	包装种类及数量
炭烧咖啡 / SUMIYYAKI COFFEE	6507809010	德国	6000 件 /4600.00 千克	300,000.00 美元	600 纸箱

运输工具名称和号码	COSCO MSCA/799			合同号	HT-2016-073
贸易方式	一般贸易	贸易国别（地区）	德国	提单 / 运单号	0020-0075-203.160
到货日期	2016 年 5 月 1 日	启运国家（地区）	德国	许可证 / 审批号	X3502-012-03499
卸货日期	2016 年 5 月 1 日	启运口岸	汉堡港	入境口岸	中国新港
索赔有效期	2016 年 5 月 1 日至 2016 年 5 月 30 日	经停口岸	***	目的地	厦门
集装箱规格、数量及号码	1×20′GP，CBHU3202799				
合同订立的特殊条款以及其他要求	***			货物存放地点	中国新港
				用　　途	销售

随附单据（划“√”或补填）		标 记 及 号 码	*外商投资财产（划“√”）	
□合同	□到货通知	N/M	*检验检疫费	
□发票	□装箱单			
□提 / 运单	□质保书		总金额	
□兽医卫生证书	□理货清单		（人民币元）	
□植物检疫证书	□磅码单		计费人	
□动物检疫证书	□验收报告			
□许可 / 审批文件	□报检委托书		收费人	
☑入境货物通关单	□其他			

报检人郑重声明：		领 取 证 单	
1. 本人被授权报检。			
2. 上列填写内容正确属实。		日期	
签名：	王甜甜	签名	
注：有“*”号栏由出入境检验检疫机关填写		◆国家出入境检验检疫局制	

图 2-9　填写完成的《入境货物报检单》

步骤二：认识并填制《入境货物通关单》

在完成《入镜货物报检单》（以下简称“报检单”）的制作后，主管张静告诉王甜甜，炭烧咖啡的海关监管条件为 A/B，检验检疫类别代码为 M/N，属于法检货物，需要天津出入境检验检疫局出具《入境货物通关单》后才能办理报关手续。虽然报检单中“随附单据”处勾选了《入境货物通关单》，但是《入境货物通关单》是由报检企业填制，交由天津出入境检验检疫局审批签发的。因此，王甜甜还需要填制一张《入境货物通关单》交予天津出入境检验检疫局。现在，王甜甜开始搜集整理用于填制《入境货物通关单》的有关资料。

查阅天津出入境检验检疫局网站后发现，填制《入境货物通关单》时要在 H.S. 编码、申报总值、数/重量、包装数量及种类三栏的末行分别打上表示结束的符号“************”，以防添加内容或伪造，下列是有关《入境货物通关单》的说明。

1. 编号

编号同报检单的编号，是报检系统正式受理报检时自动生成的 15 位数的报检号，由出入境检验检疫机关填写。因此，该栏应留空。

2. 发货人

发货人同报检单中的发货人，指外贸合同中的卖方，填写中文名称即可。

3. 收货人

收货人同报检单中的收货人，指外贸合同中的收货方，填写中文名称或英文名称均可。

4. 合同 / 信用证号

该栏填写合同编号及信用证编号，二者以“/”隔开。若没有信用证编号，则用 *** 表示。例如，只有合同号 CSF80068，则填写格式为 CSF80068/***。本任务中，该栏填写“HT-2016-073/***”。

5. 输出国家或地区

该栏填写本批货物启运国家（地区）的中文名称。本任务中，启运国家是德国，因此该栏应填写“德国”。

6. 标记及号码

标记及号码同报检单中的标记与号码，指货物的运输标志，填写本批货物标记号码（唛头）中除图形外的所有文字和数字，并应与合同、提单、发票和货物实际状况保持一致。若没有标记及号码，则填“N/M”。本任务中无标记，所以该栏应填写“N/M”。

7. 运输工具名称及号码

运输工具名称及号码同报检单的运输工具和号码，指载运货物进出境所使用的运输工具的名称或运输工具编号，以及载运货物进出境的运输工具的航次编号，格式为“运输工具名称 / 航次号”。在入境货物报检业务中，一般只能初步确定运输工具种类，对于运输工具名称和号码一般还无法确定，因此，在填制《入境货物通关单》时，可只对运输工具类别进行填制，如“船舶”，而船名和航次号可填制“***”。

8. 目的地

该栏填写本批货物运送到达港口的中文名称。由本任务中的信息可知，货物到达的港口为中国新港。因此该栏应填写“中国新港”。

9. 集装箱规格及数量

该栏填写装载本批货物的集装箱规格，以及分别对应的数量和集装箱号码全称。例如，使用1个20英尺的普通集装箱，集装箱号为HLCU1234567，则填写为“1×20'GP，HLCU1234567”，注意符号使用英文格式。若为非集装箱运输，则该栏可不填。根据本任务中的信息可知，使用1个20英尺的普通集装箱，集装箱号为CBHU3202799，因此应填写“1×20'GP，CBHU3202799”。

10. 货物名称及规格

货物名称及规格指录入H.S.编码条目名称或货物的实际中文名称及规格，当为实际名称时则需与信用证上所列货物名称一致。同时，可以根据需要填写型号、规格等信息，位置不够填写时可用附页的形式填报，超过20个品名后需分单报检。本任务仅出口一种产品：炭烧咖啡，根据查阅《检验目录》及信用证可知，此处填写“炭烧咖啡/SUMIYYAKI COFFEE”。

11. H.S. 编码

H.S.编码是指入镜货物按《商品分类及编码协调制度》中所列货物的编码，以海关公布的商品税规则编码分类为准。本任务中，经查询最新的《检验目录》可知，其H.S.编码为6507809010，因此填写“6507809010**************”。

12. 申报总值

申报总值指进入镜货物实际成交的总价，一般填写货物在合同、发票上所列的金额总值，格式为“数值+中文币名”，数值保留两位小数。

13. 数/重量、包装数量及种类

该栏填写货物的实际成交数量、净重、包装数量和包装的材质，中间用“/”隔开，重量数值保留两位小数。本任务应填写“6000件/4600.00千克/600纸箱*****************”。

14. 本通关单有效期至

该栏填写《入镜货物通关单》的截止有效日期，从货物入境的日期开始计算，一般货物为60天；植物及其产品为21天，北方冬季延长至35天；鲜活类货物为14天。本任务中，炭烧咖啡属于一般货物，故有效期为60天，入境时间为2016年5月1日，因此该栏应填写“2016年6月29日”。

15. 签字

该栏同报检单的联系人，需要报检本批货物的报检员签名。

16. 日期

该栏同报检单的报检日期，指商检机构接受报检单位报检的日期。在本任务中，报检日期为2016年5月2日，因此该栏填写“2016年5月2日”。

17. 备注

该栏同报检单的合同、信用证订立的检验检疫条款或特殊要求项，指合同中特别订立的有关质量、卫生等条款或报检单位对本批货物检验检疫、出证等工作的特殊要求，商检机构制作检验证书时会参考此处内容。若没有相关内容则该栏可留空。

在整理完上述信息后，王甜甜填写完成的《入境货物通关单》如图 2-10 所示。

中华人民共和国出入境检验检疫

入境货物通关单

编号：

<table>
<tr><td colspan="3">发货人
德国霍曼贸易公司</td><td rowspan="3">标记及号码
N/M</td></tr>
<tr><td colspan="3">收货人
厦门开展贸易有限公司</td></tr>
<tr><td colspan="2">合同 / 信用证号
HT-2016-073/***</td><td>输出国家或地区
德国</td></tr>
<tr><td colspan="2">运输工具名称及号码
COSCO MSCA/799</td><td>目的地
中国新港</td><td>集装箱规格及数量
1×20'GP，CBHU3202799</td></tr>
<tr><td>货物名称及规格</td><td>H.S. 编码</td><td>申报总值</td><td>数 / 重量、包装数量及种类</td></tr>
<tr><td>炭烧咖啡 / SUMIYYAKI COFFEE</td><td>6507809010
**************</td><td>300000.00 美元
******************</td><td>6000 件 /4600.00 千克 /600 纸箱
*****************</td></tr>
<tr><td colspan="4">证明
上述货物业经检验检疫，请海关予以放行。
本通关单有效期至： 2016 年 6 月 29 日
签字： 王甜甜　　日期： 2016 年 5 月 2 日</td></tr>
<tr><td colspan="4">备注</td></tr>
</table>

图 2-10　填写完成的《入境货物通关单》

步骤三：认识并填制《进口货物报关单》

2016 年 5 月 1 日货物顺利进港，并存放在集装箱堆场。厦门翔龙国际物流有限公司报关员王甜甜根据提交的全套单据填制《进口货物报关单》。首先，王甜甜要整理全套单据，包括《销售合同》《发票》《入境货物报检单》《入境货物通关单》等资料，并通过查阅相关资料，了解到《进口货物报关单》（以下简称《报关单》）各项内容含义如下。

1. 预录入编号

预录入《报关单》及 EDI 报关单的预录入编号由接受申报的海关决定编号规则，由计算机自动打印。故该栏无须填写。

2. 海关编号

海关编号指海关接受申报时给予《报关单》的编号。海关编号由各海关在接受申报环节确定，应标识在报关单的每一联上。《报关单》海关编号为 9 位数码，由各直属海关统一管理。该栏留待海关填写。

3. 进口口岸

该栏填写载运货物的运输工具实际进入我国关境的口岸海关名称及 4 位代码，填写格式为“口岸海关中文名（4 位代码）”。本任务填写“新港海关（0202）”。

4. 备案号

备案号指进出口企业在海关办理加工贸易合同备案或征、减、免税审批备案等手续时，海关给予《进料加工登记手册》《来料加工及中小型补偿贸易登记手册》《外商投资企业履行产品出口合同进口料件及加工出口成品登记手册》（以下均简称《登记手册》）《进出口货物征免税证明》（以下简称《征免税证明》）或其他有关备案审批文件的编号。一份报关单只允许填报一个备案号，具体填报要求如下。

（1）加工贸易报关单，该栏填报《登记手册》编号；少量低价值辅料，即 5000 美元以下 78 种以内的客供辅料，如纽扣、拉链等，按规定不使用《登记手册》的，填报“C+关区代码 +0000000”，不得为空。

（2）涉及减免税备案审批的报关单，该栏填报《征免税证明》编号，不得为空。

（3）无备案审批文件的报关单，该栏免填。

备案号长度为 12 位，其中第 1 位是标记代码，第 2 ～ 5 位是关区代码，第 6 位为年份，第 7 ～ 12 位为序列号。其中，备案号的标记代码（见表 2-1）必须与“贸易方式”及“征免性质”栏相一致。例如，贸易方式为来料加工，征免性质也应是来料加工，则备案号的标记代码应为“B”。

表 2-1　备案号的标记代码（节选）

第一个字母	含　义	备　注
B	来料加工登记手册	黄色封面
C	进料加工登记手册	粉红色封面
D	外商免税提供的加工贸易不作价设备登记手册	黑色封面
F	加工贸易异地进出口分册	
H	出口加工区保税货物电子账册	
Y	原产地证书	
Z	征免税证明	

本任务不属于加工贸易，故该栏留空。

5. 进口日期

该栏填写运载所申报货物的运输工具进口的日期，无实际进口的报关单则填报海关接受申报的日期，格式为年、月、日，如“20160808”。本任务中，运输工具的进口日期为 2016 年 5 月 1 日，因此该栏应填写“20160501”。

6. 申报日期

该栏填写海关接受进口货物申报手续的日期，格式为年、月、日，如“20160808”。本任务此项免予填报。

7. 经营单位

该栏应填报经营单位名称及经营单位编码。经营单位编码为 10 位数字，指进出口企业在所在地主管海关办理注册登记手续时，海关给企业设置的注册登记编码。填写格式为“经营单位中文名称（经营单位编码）”。

8. 运输方式

该栏根据实际运输方式，按照海关规定的《运输方式代码表》（见表 2-2），选择并填报相应的运输方式的名称或代码。

表 2-2　运输方式代码表（节选）

运输方式代码	运输方式名称	运输方式代码	运输方式名称
0	非保税区	6	邮件运输
1	监管仓库	7	保税区
2	江海运输	8	保税仓库
3	铁路运输	9	其他运输
4	汽车运输	Z	出口加工
5	航空运输		

进口货物运输方式按货物运抵我国关境“第一口岸”时的运输方式申报；出口货物按货物离开我国关境“最后一个口岸”时的运输方式填报。例如，从日本大阪海运进口到大连的货物，再用监管车转关至辽宁 A 县；再如，从昆明空运至深圳的货物，再从深圳空运至菲律宾，则进（出）口货物报关单的填写方法如表 2-3 所示。本任务中，货物从德国汉堡港运至中国新港，属于海运。因此该栏应填写“江海运输（或 2）”。

表 2-3　进（出）口货物报关单的填写方法

例 1	运输方式 江海运输（或 2）	境内目的地 辽宁 A 县
例 2	运输方式 航空运输（或 5）	境内货源地 云南昆明

9. 运输工具名称

该栏填写实际载运货物进口的运输工具名称及编号，水路运输时的填写格式为“船舶名称 / 航次号”，如“MARY MAERSK/S001”。注意，一份报关单只允许填报一种运输工具名称。本任务属于水路运输，由《装货单》信息可知，船名 / 航次为 COSCO

MSCA/799，因此该栏应填写“COSCO MSCA/799”。

10. 提运单号

该栏目应填报运输单据的编号。该编号必须与运输部门向海关提供的载货清单所列内容一致（包括数码、英文大小写、符号和空格）。一份报关单只允许填报一个提运单号，一票货物对应多个提运单时，应按接受申报的海关的规定，分单填报、填报一个提运单号或“多提运单标志 + 提运单数”，其余提运单号填写打印在备注栏中或随附清单。根据本任务中的信息可知，提单号为0020-0075-203.160，因此该栏应填写“0020-0075-203.160”。

11. 收货单位

该栏填写在海关注册的对外签订并执行进口贸易合同的中国境内法人、其他组织或个人的名称及编码。编码可选填 18 位法人和其他组织统一社会信用代码或 10 位海关注册登记号任意一项。填写格式为“收货人中文名称（社会信用代码或海关注册登记号）”。根据本任务附加信息给出的信息可知，收货单位厦门开展贸易有限公司的注册登记号为3800600399，因此该栏应填写“厦门开展贸易有限公司（3800600399）”。

12. 贸易方式

该栏应根据实际对外贸易情况按海关规定的《贸易方式代码表》（见表 2-4）选择填报相应的贸易方式简称或代码。一份报关单只允许填报一种贸易方式。

表 2-4　贸易方式代码表（节选）

贸易方式代码	贸易方式简称	贸易方式主要含义
0110	一般贸易	有进出口经营权的企业的单边进口或单边出口的贸易
0214	来料加工	进口料件由外商提供，经营企业按外商要求加工或装配而收取加工费，成品由外商销售
0420	加工贸易设备	加工贸易项下外商提供设备，包括作价和不作价设备
0615	进料加工	买卖双方分别签进出口合同，我方先付进口料件款，加工成品出口时再向对方收出口成品款
0654	进料深加工	原进料加工项下成品或半成品，转让给境内其他进料加工复出口企业进行再加工装配的贸易方式

本任务属于一般贸易，故该栏应填写“一般贸易（或 0110）”。

13. 征免性质

该栏填写海关核发的《征免税证明》中批注的征免性质简称及代码，格式为“征免性质简称或征免性质代码”，如“一般征税（或 101）”。注意，一份报关单只能填报一种征免性质。本任务属于一般征税，因此该栏应填写“一般征税（或 101）”。

14. 许可证号

该栏填写以下许可证的编号：进口许可证、两用物项和技术进（出）口许可证、两用物项和技术出口许可证（定向）、纺织品临时出口许可证。一份报关单只允许填报一个许可证号。本任务中，厦门开展贸易有限公司进口许可证为 X3511-011-03432，因此该栏应填写“X3511-011-03432”。

15. 起抵国（地区）

该栏填写海关规定的《国别（地区）代码表》中相应的启运国（地区）的中文名称或

代码，如美国（或 502）。本任务中起抵国为德国，代码为 304，因此该栏应填写“德国（或 304）”。

16. 装货港

该栏填写进口货物在运抵我国关境前的最后一个境外装运港的中文名称或代码。本任务中，装货港是德国的汉堡港，代码是 2110，因此该栏应填写“汉堡（或 2110）”。

17. 境内目的地

该栏填写进口货物在国内的消费地、使用地或最终运抵地的中文名称或代码。本任务中，进口的最终目的地是厦门，因此该栏应填写“厦门”。

18. 成交方式

该栏目应根据实际成交价格条款，按照海关规定的《成交方式代码表》（见表 2-5）选择填报相应的成交方式名称或代码。无实际进出境的，进口填报 CIF 价，出口填报 FOB 价。根据本任务的《信用证》和《销售合同》信息可知，本任务采用的是 CIF 价，因此该栏应填写“CIF”。

表 2-5　成交方式代码表（节选）

成交方式代码	成交方式名称	成交方式代码	成交方式名称
1	CIF	4	C&I
2	CFR/C&F	5	市场价
3	FOB	6	垫仓

19. 运费

该栏应根据具体情况选择运输单价、运费总价或运费率三种方式之一填报，同时注明运费标记（运费率标记免填），并按照海关规定的《货币代码表》（见表 2-6）选择填报相应的币制代码。运保费合并计算的，运保费填报在该栏。若成交价格不含有运费，则该栏不填写。

表 2-6　货币代码表（节选）

货币代码	货币符号	货币名称	货币代码	货币符号	货币名称
110	HKD	港币	326	NOK	挪威克朋
116	JPY	日元	330	SEK	瑞典克朗
121	MOP	澳门元	331	CHF	瑞士法郎
142	CNY	人民币	334	SUR	俄罗斯卢布
300	EUR	欧元	501	CAD	加拿大元
302	DKK	丹麦克朗	502	USD	美元
303	GBP	英镑	601	AUD	澳大利亚元

运费标记“1”表示运费率，“2”表示每吨货物的运费单价，“3”表示运费总价。例如，5%的运费率填报为 5/1；24 美元的运费单价填报为 502/24/2（币制代码 / 运费单价的数值 / 运费单价标记）；7000 美元的运费总价填报为 502/7000/3（币制代码 / 运费总价的数值 / 运费总价标记）。本任务中的运费总价为 1190 美元，因此该栏应填写“502/1190/3”。

20. 保费

该栏根据具体情况选择保险费总价或保险费率两种方式之一填报，同时注明保险费标记（保险费率标记免填），并按照海关规定的《货币代码表》选择填报相应的币种代码。运保费合并计算的，运保费填报在运费栏中。若成交价格不含保险费，则该栏不填写。

保险费标记“1”表示保险费率，“3”表示保险费总价。例如，3‰的保险费率填报为0.3/1；1000英镑保险费总价填报为303/1000/3（币制代码/保险费总价的数值/保险费总价标记）。

本任务中的保险为发票金额的千分之三（0.3%），发票金额为300 000美元，因此该栏应填写“502/900/3”。

21. 杂费

该栏根据具体情况选择杂费总价或杂费率两种方式之一填报，同时注明杂费标记（杂费率标记免填），并按照海关规定的《货币代码表》选择填报相应的币种。无杂费时该栏免填。

杂费标记“1”表示杂费率，“3”表示杂费总价。例如，应计入完税价格的1.5%的杂费率填报为1.5/1；应计入完税价格的500英镑杂费总价填报为303/500/3（币制代码/杂费总价的数值/杂费总价标记）。

本任务中的杂费为796美元，因此应填写“502/796/3”。

22. 合同协议号

该栏填报《销售合同》编号。根据本任务的《销售合同》信息，合同号为HT-2016-073，因此该栏应填写“HT-2016-073”。

23. 件数

该栏填写有外包装的进口货物的实际件数，该栏不得填报为零，其中，裸装货物填报为“1”。由本任务的《销售合同》信息可知，该批进口货物的件数为6000，因此该栏应填写“6000”。

24. 包装种类

该栏应根据进口货物的实际外包装种类，以及海关规定的《包装方式代码表》（见表2-7）选择填报相应的包装种类的中文名称或代码。

表2-7 包装方式代码表（节选）

包装方式代码	包装方式名称
1	木箱
2	纸箱
3	桶装
4	散装
5	托盘
6	包
7	其他

由本任务的《销售合同》信息可知，该批进口货物的包装种类为纸箱，因此该栏应填

写“纸箱（或 2）”。

25. 毛重（千克）

该栏填报进口货物的实际毛重，计量单位为千克，不足 1 千克的填报为 1。由本任务《发票》信息可知，该批进口货物的毛重为 4832 千克，因此该栏应填写“4832.00”。

26. 净重

该栏填报进口货物的实际净重，计量单位为千克，不足 1 千克的填报为 1。由本任务《发票》信息可知，该批出口货物的净重为 4600 千克，因此该栏应填写“4600.00”。

27. 集装箱号

该栏的填报方式为“集装箱号 / 规格 / 自重”，如 TBXU3605231/20/2280 表示 1 个 20GP 标准集装箱。此外，TEXU3605231×1（1）表示 1 个标准集装箱；TEXU3605231×2（3）表示 2 个集装箱，折合为 3 个标准集装箱，其中 1 个箱号为 TEXU3605231。在多于 1 个集装箱的情况下，其余集装箱编号打印在备注栏或随附清单上。非集装箱货物填报“0”。本任务使用 1 个 20 英尺普通集装箱，集装箱号为 CBHU3202799，箱重 3000 千克，因此该栏应填写“CBHU3202799/20/3000”。

28. 随附单据

该栏根据海关规定的《监管证件代码表》选择填报除本规范第十七条规定的许可证件外的其他进口许可证件或监管证件代码及编号。填写格式为“证件代码 : 证件编码”，如入境货物通关单填写为“A:311090204038739000”。本任务中，《入境货物通关单》的编码为“311090204038739011”，因此该栏应填写“A:311090204038739011”。

29. 标记唛码及备注

该栏填报货物运输包装上的标记唛码中除图形外的所有文字、数字(基本是原样照抄)。无标记唛码的免于填报。标记唛码一般印刷或贴在货物的外包装上，同时也标注在装箱单、提单、发票中。三种单证中的标记唛码应该与外包装上的一致。一票货物有多个集装箱的，在该栏目填报其余的集装箱号；一票货物有多个提运单的，在该栏填报其余的提运单号。根据本任务的《销售合同》信息可知，标记唛码为“N/M”，因此该栏应填写“N/M”。

30. 项号

项号指同一票货物在报关单中的商品排列序号和在备案文件上的商品序号。该栏中每一栏项号下都分两行填报，第一行填报报关单中的商品排列序号，一般按照发票或装箱单中商品的排列顺序填写；如果一张发票中既有使用手册的商品，也有不使用手册的商品，则要分开报关（填写不同的报关单），使用手册的报关单项号只按照发票涉及手册的商品种类排序。第二行要填写该项商品对应在手册中或原产地证书中的项号，非备案商品免填。

因本任务中只有一种商品，因此该栏应填写“01”。

31. 商品编号

商品编号指按海关规定的商品分类编码规则确定的进口货物的商品编号，即 H.S. 编码。加工贸易《登记手册》中，商品编号与实际商品编号不符的，应按实际商品编号填报。由本任务的《销售合同》信息可知，炭烧咖啡的 H.S. 编码为 6507809010，因此该栏应填写“6507809010”。

32. 名称、规格型号

该栏分两行填报，第一行填报进口货物规范的中文商品名称；第二行打印规格型号，必要时可加注原文，如无则可不填。本任务中，进口商品的名称为“炭烧咖啡”，因此该栏应填写“炭烧咖啡”。

33. 数量及单位

数量是指进口货物的实际数量。单位是指针对数量的计量单位，它包括成交计量单位和法定计量单位。该栏目分三行填报。填报的格式是数量在前，单位在后。具体填报要求如下。

（1）进口货物必须按照海关法定计量单位和成交计量单位填报。法定第一计量单位及数量填报在第一行。

（2）凡海关列明法定第二计量单位的，必须报明该商品法定第二计量单位及数量，填报在第二行。无第二计量单位的，第二行为空。

（3）成交计量单位与海关法定计量单位不一致时，还需填报成交计量单位及数量，填报在第三行。成交计量单位与海关法定计量单位一致时，第三行为空。

（4）加工贸易等已备案的货物，成交计量单位必须与备案登记中同项号下货物的计量单位一致，不相同时必须修改备案或转换一致后再填报。

实际成交计量单位与法定计量单位填报的逻辑关系如图 2-11 所示。

填制要求	计量单位状态			
	成交与法定一致（无法定第二计量单位）	成交与法定一致，并有第二计量单位	成交与法定不一致（无法定第二计量单位）	成交与法定不一致且有法定第二计量单位
第一行	法定计量单位及数量	法定第一计量单位及数量	法定计量单位及数量	法定第一计量单位及数量
第二行	空	法定第二计量单位及数量	空	法定第二计量单位及数量
第三行	空	空	成交计量单位及数量	成交计量单位及数量

图 2-11　实际成交计量单位与法定计量单位填报的逻辑关系

34. 原产国（地区）

该栏应按照海关规定的《国别（地区）代码表》选择填报相应的国家（地区）名称或代码，如美国（或 502）。进口货物原产国（地区）无法确定的，填报“国别不详（或 701）”。本任务中原产国为德国，代码为 304，因此该栏应填写“德国（或 304）”。

35. 单价

该栏填报同一项号下进口货物实际成交的商品单位价格。无实际成交价格的，该栏填报货值。本任务中，由《销售合同》可知其单价为 50.00 美元，因此该栏应填写“50.00”。

36. 总价

该栏填报同一项号下进口货物实际成交的商品总价。无实际成交价格的，该栏填报货值。根据本任务《销售合同》信息，商品的成交价格为 300000.00 美元，因此该栏应填写“300,000.00”。

37. 币制

币制指进口货物实际成交价格的币种。该栏应根据实际成交情况，按照海关规定的《货币代码表》选择填报相应的货币名称或代码，如果《货币代码表》中无实际成交币种，则需转换后填报。本任务中，成交价格的币种为美元，对应的货币代码为502，因此该栏应填写“美元（或502）”。

38. 征免

征免指海关对进口货物进行征税、减税、免税或特案处理的实际操作方式。该栏应按照海关核发的《征免税证明》或有关政策规定，对报关单所列每项商品选择填报海关规定的《征减免税方式代码表》（见表2-8）中相应的征减免税方式简称或代码。

表 2-8　征减免税方式代码表（节选）

征减免税方式代码	征减免税方式名称	征减免税方式代码	征减免税方式名称
1	照章征税	6	保证金
2	折半征税	7	保函
3	全免	8	折半补税
4	特案	9	全额退税
5	征免性质		

本任务属于一般贸易，无税收优惠政策，因此该栏填写“照章征税（或1）”。

39. 税费征收情况

该栏供海关批注出口货物税费征收及减免情况。故留空。

40. 录入员

该栏用于预录入和EDI报关单填报录入人员的姓名。

41. 录入单位

该栏用于预录入和EDI报关单填报录入单位名称。本任务由厦门翔龙国际物流有限公司代为报关，因此该栏应填写“厦门翔龙国际物流有限公司”。

42. 报关员

该栏用于填写报关员的真实姓名。

43. 单位地址/申报单位（签章）

该栏指报关单左下方用于填报申报单位有关信息的总栏目。申报单位指对申报内容的真实性直接向海关负责的企业或单位。自理报关的，应填报进（出）口货物的经营单位名称及代码；委托代理报关的，应填报经海关批准的专业或代理报关企业名称及代码。该栏内应加盖申报单位有效印章。该栏还包括报关单位的地址、邮编和电话号码等分项目，由申报单位的报关员填报。

44. 填制日期

填制日期指报关单的填制日期。预录入和EDI报关单由计算机自动打印。该栏填写6位数，顺序为年、月、日，如“16-02-23”。故该栏无须手工填制。

45. 海关审单批注及放行日期（签章）

该栏是供海关内部作业时签注的总栏目，由海关关员手工填写在预录入报关单上。其中“放行日期”栏填写海关对接受申报的出口货物批注放行决定的日期。故该栏留空。

在整理完上述信息后，王甜甜完成的《入境货物报关单》如图 2-12 所示。

中华人民共和国海关进口货物报关单

预录入编号：　　　　海关编号：

进口口岸 新港海关（0202）	备案号	进口日期 20160501	申报日期
经营单位 厦门开展贸易有限公司（3800600399）	运输方式 江海运输（或 2）	运输工具名称 COSCO MSCA/799	提运单号 0020-0075-203.160
收货单位 厦门开展贸易有限公司（3800600399）	贸易方式 一般贸易（或 0110）	征免性质 一般征税（或 101）	征税比例

许可证号 X3511-011-03432	起抵国（地区） 德国（或 304）	装货港 汉堡 （或 2110）		境内目的地 厦门
批准文号	成交方式 CIF	运费 502/1190/3	保费 502/900/3	杂费 502/796/3
合同协议号 HT-2016-073	件数 6000	包装种类 纸箱（或 2）	毛重（千克） 4832.00	净重（千克） 4600.00
集装箱号 CBHU3202799/20/3000	随附单据 A:311090204038739011			用途

标记唛码及备注　N/M

项号	商品编号	名称、规格型号	数量及单位	原产国（地区）	单价	总价	币制	征免
01	6507809010	炭烧咖啡	600 箱 4600 千克	德国 （或 304）	50.00	300,000.00	美元 （或 502）	照章征税 （或 1）

税费征收情况

录入员 王甜甜	录入单位 厦门翔龙国际物流有限公司	兹声明以上申报无讹并承担法律责任	海关审单批注及放行日期（签章）	
报关员 王甜甜			审单	审价
单位地址 厦门海沧区大名路 168 号		申报单位（签章） 厦门翔龙国际物流有限公司	征税	统计
邮编 361026	电话 1395599××××	填制日期	查验	放行

图 2-12 填写完成的《进口货物报关单》

任务评价

通过学习上述任务，教师可组织三方评价，并针对学生的任务执行情况进行点评。请学生扫描以下二维码，完成任务评价表的填写。

任务三 海运进口货物运输（铁路货物运单、铁路运输货票）

任务环节

海运进口共要经过 5 个流程环节，具体流程如图 2-13 所示。欢迎进入任务三，制作《铁路货物运单》《铁路运输货票》。

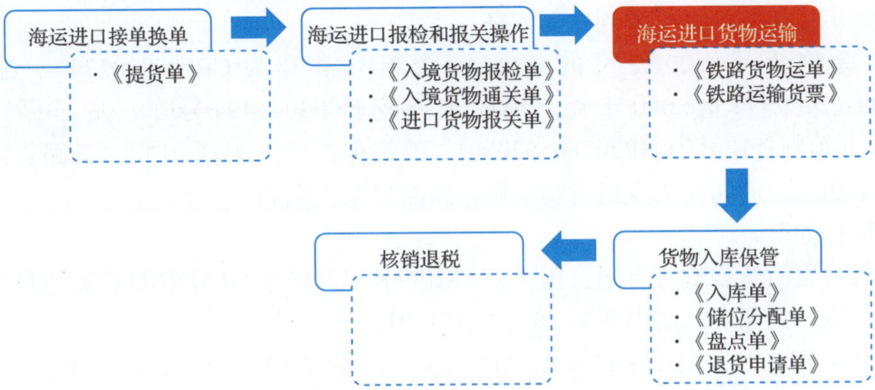

图 2-13 海运进口流程

任务目标

知识目标	（1）了解《铁路货物运单》《铁路运输货票》在货物运输中的作用； （2）掌握《铁路货物运单》《铁路运输货票》的主要内容； （3）掌握《铁路货物运单》《铁路运输货票》的填制规范
技能目标	（1）能够根据提示在相关网站查找相关信息； （2）能够准备进口货物铁路运输环节中所需的全套单证； （3）能够准确填制《铁路货物运单》《铁路运输货票》
素养目标	（1）具备良好的政策关注度； （2）具有良好的团队合作能力、沟通能力； （3）具备一定的风险防范意识和良好的专业规范行为

任务展示

厦门开展贸易有限公司从德国霍曼贸易公司进口一批炭烧咖啡（Sumiyaki Coffee）。该批货物由中国远洋运输（集团）总公司承运，并于 2016 年 5 月 1 日到达天津新港太平洋码头。厦门开展贸易有限公司委托厦门翔龙国际物流有限公司（以下简称“厦门翔龙”）代理该批货物的进口提货、通关手续及货物的仓储与配送业务。

2016 年 5 月 6 日，该批货物完成报检、报关、通关手续后，由厦门翔龙业务员王甜甜（联系电话：1395599××××）开始办理托运手续，将该批货物通过铁路运输，从天津站运至厦门站，并送达客户手中。该批货物已于2016年5月7日搬入天津铁路11货位，要求3天后到达。相关信息如下。

货物名称：炭烧咖啡（Sumiyaki Coffee）

数量：6000 SETS，600 CARTONS

总毛重为4832.00千克，净重为4600.00千克，总尺码为23.99立方米

单价为USD50.00，总价为USD300000.00

装运站：天津站

目的站：厦门站

天津铁路分局业务员周明（联系电话：1557869××××）接收托运信息，审核并确认承运后，查阅审核相关信息了解到以下信息。

托运货物为1个20英尺的普通集装箱，箱号为CBHU3202799，施封号为CS1019699，箱体自重3000千克。周明为其安排P3041494号车、货车棚车号码为3000001，并填制货票号为HP201605070001、发站存查号为A00001的《铁路货物货票》。

现由王甜甜、周明完成铁路货物运单、铁路货票的填制。

附加信息如下。

收货人：厦门开展贸易有限公司（XIAMEN KAIZHAN TRADING CO.,LTD.）

地址：厦门市翔安区舫山西路28号，361101

（NO.28，WEST FANGSHAN ROAD, XIANG'AN, XIAMEN，361101）

Tel: 0592-729××××　Fax: 0592-729××××

托运人：厦门翔龙国际物流有限公司

法定代表人：林鑫龙

单位地址：厦门海沧区大名路168号

联系人：王甜甜

联系方式：1395599××××

任务准备

扫一扫

请扫描以下二维码，了解海运进口货物运输的相关知识。

任务执行

步骤一：认识并填制《铁路货物运单》

在该步骤中，王甜甜准备好《铁路货物运价里程表》及运输货物的基本信息等基本单证资料后，开始填写统一格式的《铁路货物运单》中需要托运人填写的部分。王甜甜在主管的指导下，通过查阅相关资料，了解到《铁路货物运单》各项内容含义如下。

1. 发站、到站（局）

这两栏应分别按照《铁路货物运价里程表》规定的站名完整填记，不得使用简称。到达（局）名可填写到达站主管铁路局名的第一个字，如“（哈）”“（上）”“（广）”等，但到达北京铁路局的，则填写“（京）”字。本例中，发站为天津、到站为厦门。因此该栏应分别填写“天津火车站”“厦门火车站”。

2. 到站所属省（市）、自治区

该栏填写到站所在地的省（市）、自治区名称。托运人填写的到站、到达局和到站所属省（市）、自治区名称，三者必须相符。本任务中，厦门站所在省市为福建省厦门市，因此该栏应填写“厦门市”。

3.（托运人）名称

该栏应填写托运单位的完整名称。

4.（托运人）住址

该栏应填写托运单位的完整地址。

5.（托运人）电话

该栏应填写托运单位的联系人的电话号码。

6.（收货人）名称

该栏填写收货单位的完整名称。

7.（收货人）住址

该栏应填写收货单位的完整地址。

8.（收货人）电话

该栏填写收货单位的联系人电话。

9. 货物名称

该栏应按照《铁路货物运价规则》附表二“货物运价分类表”或国家产品目录，或者危险货物按照《危险货物运输规则》附件一“危险货物品名索引表”所列的货物名称完全、正确填写。托运危险货物时应在品名后用括号注明危险货物编号。“货物运价分类表”或“危险货物品名索引表”内未经列载的货物，应填写生产或贸易上通用的具体名称，并须用《铁路货物运价规则》附件一中相应类项的品名加括号注明。本任务中，托运的货物为炭烧咖啡，不是危险品，故无须注明编号，该栏应填写“炭烧咖啡”。

10. 件数

该栏应按照货物名称及包装种类分别记明件数。如果承运人只按重量承运的货物，则在该栏填写“堆”“散”“罐”字样。

11. 包装

该栏记明包装种类，如“木箱”“纸箱”“麻袋”“条筐”“铁桶”“绳捆”等。按件承运的货物无包装时，填写“无”字。使用集装箱运输的货物或只按重量承运的货物，该栏可以不填。

12. 货物价格

该栏应填写货物的实际价格。全批货物的实际价格是确定货物保价运输的保价金额或货物保险运输的保险金额的依据。

13. 托运人确定重量

该栏应按照货物名称及包装种类分别填报货物实际重量(包括包装重量)，单位用千克。

14. 托运人记载事项

该栏填写需要由托运人声明的事项。

（1）货物状态有缺陷，但不致影响货物安全运输，应将其缺陷具体注明。

（2）需要凭证明文件运输的货物，应注明证明文件名称、号码及填发日期。

（3）托运人派人押运的货物，应注明押运人姓名和证件名称。

（4）托运易腐货物或“短寿命”、放射性货物时，应记明允许运输期限；需要加冰运输的易腐货物，途中不需要加冰时，应记明“途中不需要加冰”。

（5）整车货物应注明要求使用的车种、吨位、是否需要苫盖篷布。整车货物需要在专用线卸车的，应记明“在 ×× 专用线卸车”。

（6）委托承运人代封的货车或集装箱，应标明“委托承运人代封”。

（7）使用自备货车或租用铁路货车在营业线上运输货物时，应记明“×× 单位自备车”或“×× 单位租用车”。使用托运人或收货人自备篷布时，应记明“自备篷布____块”。

（8）国外进口危险货物，按原包装托运时，应注明“进口原包装”。

（9）笨重货物或规格相同的零担货物，应注明货物的长、宽、高度，规格不同的零担货物应注明全批货物的体积。

（10）其他按规定需要由托运人在运单内记明的事项。

本任务中，采用原有集装箱，因此该栏应填写“采用原有集装箱，箱号为 CBHU3202799，施封号为 CS1019699”。

15. 保险

该栏填写投保金额。投保金额为总货物价值的 0.3%。

16. 托运人盖章或签字

托运人于运单填记完毕并确认无误后，在该栏盖章或签字。

王甜甜在主管的指导下，将托运人需要填制的以上信息填制完整后，交由天津铁路分局业务员周明完成承运人需填制的部分。同样，在填制前，周明需要了解《铁路货物托运单》的相关内容。

1. 货物指定于 ×××× 年 ×× 月 ×× 日

此处填写指定搬入日期。

2. 搬入 ××

此处应完整填写发站的名称。

3. 货位

此处填写该批货物搬入站后安排的货位。

4. 计划号码或运输号码

零担货物此处应填写运输号码，并由经办人签字或盖章，交还托运人以将货物搬入车站，并办理托运手续。本任务中，按照铁路局的编制标准，运输号码为“20160507001”，因此该处应填写“20160507001”。

5. 运到期限 ×× 日

此处填写按规定计算的货物运到期限日数。本任务中规定 5 月 7 日搬入，并要求 3 日后到站，因此该栏应填写“3”。

6. 货票第 ×× 号

此处根据该批货物所填发的货票号码填写。本任务中，周明将要根据本单信息填写的货号票为 HP201605070001，因此该栏应填写“HP201605070001”。

7. 车种车号、货车标重

按照整车办理货运手续的货物必须填写这两栏。运输过程中，货物发生换装时，换装站应将《铁路货物运单》和《铁路运输货票》丁联原记的车种、车号画线抹消（使它仍可辨认），并将换装后的车种、车号填记清楚，同时在改正处加盖戳记，换装后的货车标记载重量有变动时，并应更正货车标重。

本任务中，车种为“集装箱车”，安排的车号为“P3041494”，因此该栏应填写：

集装箱车

P3041494

本任务中，货物未发生换装，因此货车标重栏无须填写。

8. 铁路货车篷布号码

该栏填写该批货物所苫盖的铁路货车篷布号码。使用自备篷布时，应将该栏画线抹消。本任务中，安排的车篷布号码为 3000001，因此该栏应填写“3000001”。

9. 集装箱号码

该栏填写装运该批货物的集装箱的箱号。本任务中。集装号码为“CBHU3202799”，因此该栏应填写“CBHU3202799”。

10. 施封号码

该栏填写施封环或封饼上的施封号码，封饼不带施封号码时，则填写封饼个数。本任务中，施封号码为 CS1019699。因此该栏应填写“CS1019699”。

11. 承运人／托运人装车

规定由承运人组织装车的，将“托运人”三字抹消，规定由托运人组织装车的，将“承运人”三字抹消。本任务由承运人装车，因此应将“托运人”三字画线抹消。

12. 承运人 / 托运人施封

规定由承运人施封的，将“托运人”三字画线抹消，规定由托运人施封的，将“承运人”三字抹消。本任务由托运人施封，因此将“承运人”三字画线抹消。

13. 经由

货物运价里程按最短径路计算时，该栏可不填。

14. 运价里程

该栏填写发站至到站间最短路径的里程，但绕路运输时，应填写绕路经由的里程。本任务中，查询《铁路货物运价里程表》可知，天津站到厦门站的运价里程为 2107 千米，因此该栏应填写“2107”。

15. 承运人确定重量（千克）

货物重量由承运人确定的，应将检验后的货物重量，按货物名称及包装种类分别用千克填入该栏。经核实后，本任务中，承运人确定重量与托运人填写的重量一致，因此该栏应填写“4832.00”。

16. 计费重量

该栏应填写整车货物的货车标记重量或规定的计费重量；零担货物和集装箱货物，填写按规定处理尾数后的重量或起码重量。本任务中，以集装箱计算运费，因此该栏应填写“20 英尺箱”。

17. 运价类型

该栏填写运输工具类型。本任务选择火车为运输工具，因此该栏应填写“火车”。

18. 运价号

该栏按“铁路货物运输品名分类与代码表”（见表 2-9）规定的各该货物运价号填写。

表 2-9　铁路货物运输品名分类与代码表（节选）

<table>
<tr><th colspan="3" rowspan="2">代　码</th><th rowspan="2">货物品类</th><th colspan="2">运　价　号</th><th rowspan="2">说　明</th></tr>
<tr><th>整车</th><th>零担</th></tr>
<tr><td rowspan="5">01</td><td>1</td><td>0</td><td>煤
原煤</td><td>4</td><td>21</td><td>含未经入洗、筛选的无烟煤、炼焦烟煤、一般烟煤、褐煤</td></tr>
<tr><td>2</td><td>0</td><td>洗精煤</td><td>5</td><td>21</td><td>含冶炼用炼焦精煤及其他洗精煤</td></tr>
<tr><td>3</td><td>0</td><td>块煤</td><td>4</td><td>21</td><td>含各种粒度的洗块煤和筛选块煤</td></tr>
<tr><td>4</td><td>0</td><td>洗、选煤</td><td>4</td><td>21</td><td>洗精煤、洗块煤以外的其他洗煤（含洗混煤、洗中煤、洗末煤、洗粉煤、洗原煤、煤泥），以筛选块煤以外的其他筛选煤（含筛选混煤、筛选末煤、筛选粉煤）</td></tr>
<tr><td>9</td><td>0</td><td>其他煤</td><td>4</td><td>21</td><td>含煤粉、煤球、煤砖、煤饼、蜂窝煤等煤制品，泥炭、风化煤及其他煤，不含煤矸石</td></tr>
</table>

（续表）

代码			货物品类	运价号		说明
				整车	零担	
02	1	0	石油 原油	6	22	含天然原油、页岩原油、煤炼原油
	2	0	汽油	6	22	含各种用途的汽油
	3	0	煤油	6	22	含灯用煤油、喷气燃料及其煤油
	9	0	其他成品油	6	22	含苯类 0220 ～ 0260 以外的其他石油加工油，如燃料油、溶剂油、标准油、白色油、原料油、渣油等。不含沥青、沥青油(列入 1591)，以及石蜡、地蜡、凡士林、液化石油气等固体和气体的石油副产品
03	1	0	焦炭	5	21	煤制焦炭，含机焦、型焦、土窑焦、半焦、天然焦、焦粒、焦末、焦粉
	2	0	沥青焦炭、石油焦炭	5	22	用煤沥青或石油沥青炼制的焦炭
04	1	0	金属矿石 铁矿石	4	21	含原矿和筛分加工后的矿石、矿砂、矿粉、精矿；含铁矿石的原矿、成品矿，精矿、烧结铁矿、球团铁矿、其他人造富铁矿及再冶炼用的钢铁渣
	2	0	放射性矿石	4	22	含独居石、锆英石、铀矿石等放射性的矿石、矿砂、矿粉、矿渣
	9	0	其他金属矿石	4	21	含锰矿石的原矿、成品矿，锰精矿、富锰矿、富锰渣，天然和人造锰粉。含铬矿石、有色金属矿石、稀土金属矿石的原矿、成品矿、精矿、矿粉。含再冶炼用的有色金属的渣、灰，如铅锌炉渣、钒渣、高钛渣等金红石
05	1	0	钢铁及有色金属 生铁	4	21	含炼钢生铁、铸造生铁、含钒生铁
	2	0	钢锭、钢坯	5	21	含普通钢、优质钢、合金钢的锭和坯
	4 4	 1	钢轨及其配件 钢轨	5	21	含各种轨型的铁道用钢轨、轨排、工业用轨、导电轨、起重机用轨及废钢轨
	4	2	钢轨配件	5	21	含鱼尾板、垫板等各种材质的钢轨配件及道钉。不含转辙器

本任务中为集装箱运输，无运价号，故不填写该栏。

19. 运价率

该栏按照该批货物确定的运价号和运价里程，从“铁路货物运价率表”（见表 2-10）中找出该批（项）货物适用的运价率并填写。运价率规定有加成或减成时，应记明加成或减成的百分比。

表 2-10　铁路货物运价率表（节选）

办理类别	运价号	基价 1（发到基价）		基价 2（运行基价）	
		单位	标准	单位	标准
整车	1	元 / 吨	8.50	元 / 吨千米	0.071
	2	元 / 吨	9.10	元 / 吨千米	0.080
	3	元 / 吨	11.80	元 / 吨千米	0.084
	4	元 / 吨	15.50	元 / 吨千米	0.089
	5	元 / 吨	17.30	元 / 吨千米	0.096
	6	元 / 吨	24.20	元 / 吨千米	0.129
	7	—	—	元 / 轴千米	0.483
	8	元 / 吨	18.70	元 / 吨千米	0.131
零担	21	元 /10 千克	0.188	元 /10 千克千米	0.0010
	22	元 /10 千克	0.263	元 /10 千克千米	0.0014
集装箱	20 英尺箱	元 / 箱	449.00	元 / 箱千米	1.98
	40 英尺箱	元 / 箱	610.00	元 / 箱千米	2.70

本任务中，使用的集装箱为 20 英尺的集装箱，该栏应填：

发到基价：449.00 元 / 箱

运行基价：1.98 元 / 箱千米

注：实行核算、制票合并作业的车站，对运单内的“经由”“运价里程”“计费重量”“运价号”“运价率”和“运费”栏可不填写，而将有关内容直接填写于货票各相应栏内。

20.（现付）费别

该栏填写现付资金的属性。本任务中，现付资金为运费，因此，该栏应填写“运费”。

21.（现付）费别

该栏填写实际的运费，计算运输费用的基本依据是《铁路货物运价规则》。

（1）货物单位重量的运费计算公式：

整车货物每吨运价 = 发到基价 + 运行基价 × 运行千米

零担货物每 10 千克运价 = 发到基价 + 运行基价 × 运行千米

集装箱货物每箱运价 = 发到基价 + 运行基价 × 运行千米

（2）电气化附加费计算公式：

电气化附加费 = 费率 × 计费重量（箱数或轴数）× 电气化里程

（3）铁路建设基金的计算公式：

建设基金 = 费率 × 计费重量（箱数或轴数）× 运价里程

（4）新路新价均摊运费的计算公式：

新路新价均摊运费 = 均摊运价率 × 计费重量（箱数或轴数）× 运价里程

（5）印花税计算公式：

货物运输印花税 = 运输费用 ×0.5‰

根据以上公式，核算运费。

本任务中无电气化附加费，无新路新价均摊费，计算出的总运费为 5785.7 元人民币。

因此该栏应填“5785.7 元”。

22. 承运人记载事项

该栏填写需要由承运人记明的事项。

（1）货车代用时，记明批准的代用命令。

（2）轻重配装时，记明有关计费事项。

（3）货物运输变更时，记明有关变更事项。

（4）途中装卸的货物时，记明计算运费的起讫站名。

（5）需要限速运行的货物和自有动力行驶的机车，记明铁路分局承认命令。

（6）需要由承运人记明的其他事项。

无记载事项的，该栏可以留空。

23. 发站承运日期

此处填写由发站承运当天的日期。本任务中，2016 年 5 月 7 日货物搬入当天承诺承运，因此此处填写“2016 年 5 月 7 日”。

24. 到站交付日期

该栏填写应到站交付当日的车站日期。本任务中，货物交付到站的时间是 2016 年 5 月 7 日，因此该栏应填写“2016 年 5 月 7 日”。

25. 领货凭证

此处根据货物运单的内容填写。

（1）车种及车号、票第 × 号、到期限 × 日。货物运单中有这些信息的详细内容，根据信息填写即可。

（2）发站、托运人、收货人。根据货运单信息分别填写。

（3）货物名称、件数、重量。根据货运单信息分别填写。

（4）托运人盖章或签字。由托运人盖章或签字。

（5）发站承运日期戳。填写发站承运日期。

在整理完上述信息后，王甜甜和周明共同填写完成的《铁路货物运单》如图 2-14 所示。

步骤二：认识并填制《铁路运输货票》

在完成《铁路货物运单》的填制后，周明开始制作《铁路运输货票》。在完成该步前首先来认识一下《铁路运输货票》。

1. 计划号码或运输号码

本处应填写计划号码或运输号码，由经办人签字或盖章，再交还托运人凭以将货物搬入车站，并办理托运手续。铁路货票的计划号码或运输号码要与对应的《铁路货物运单》上的计划号码或运输号码相一致。

2. 货票

此处根据该批货物所填发的货票号码填写。

货物指定于 2016 年 5 月 7 日搬入天津
货位 11
计划号码或运输号码：20160507001
运到期限 3 日

天津铁路局

货物运单

托运人 → 发运人 → 到站 → 收货人

承运人/~~托运人~~ 装车
~~承运人~~/托运人 施封

货票第 HP201605070001 号

托运人填写						承运人填写			
发 站		天津火车站	到站（局）	厦门火车站		车种车号	集装箱车 P3041494	货车标重	
到站所属省（市）、自治区		厦门市				施封号码	CS1019699		
托运人	名 称	厦门翔龙国际物流有限公司				经 由		铁路货车篷布号码	3000001
	住 址	厦门海沧区大名路 168 号	电话	1395599××××					
收货人	名 称	厦门翔龙国际物流有限公司				运价里程	2107	集装箱号码	CBHU3202799
	住 址	厦门海沧区大名路 168 号	电话	1395599××××					

货物名称	件数	包装	货物价格	托运人确定重量（千克）	承运人确定重量（千克）	计费重量	运价类型	运价号	运价率	现付 费别	现付 金额
炭烧咖啡	6000	纸箱	50.00 美元 / 件	4832.00	4832.00	20 英尺箱	火车		发到基价：449.00 元 / 箱 运行基价：1.98 元 / 箱千米	运费	5785.7 元
合 计											
托运人记载事项	采用原有集装箱，箱号为 CBHU3202799，施封号为 CS1019699		保 险 900 美元	承运人记载事项							

托运人盖章或签字
厦门翔龙国际物流有限公司

到站交付日期
2016 年 5 月 7 日

发站承运日期
2016 年 5 月 7 日

领货凭证

车种及车号　集装箱车 /P3041494
票第 HP20160507001 号
到期限 3 日

发站	天津	
托运人	厦门翔龙国际物流有限公司	
收货人	厦门翔龙国际物流有限公司	
货物名称	件数	重量
炭烧咖啡	6000	4832.00 千克
托运人盖章或签字 厦门翔龙国际物流有限公司		
发站承运日期戳 2016 年 5 月 7 日		

注：收货人须知见背面

图 2-14　填写完成的《铁路货物运单》

3. 货物运到期限 xx 日

此处填写按规定计算的货物运到期限日数，要与对应的《铁路货物运单》一致。本任务中，货物于 2016 年 5 月 7 日搬入，并要求 3 日后到站。因此此处应填写“3”。

4. 发站存查

此处填写查询预留编号。本任务中，预留编号为 A00001，因此此处应填写“A00001”。

5. 发站、到站（局）

该两栏应分别按《铁路货物运价里程表》规定的站名完整填记，不得使用简称。到达（局）名可填写到达站主管铁路局名的第一个字，如“（哈）”“（上）”“（广）”等，但到达北京铁路局的，则填写“（京）”字。本任务中，发站为天津，到站为厦门。因此该两栏应分别填写“天津火车站”“厦门火车站”。

6.（托运人）名称

该栏应填写托运单位的完整名称。

7.（托运人）住址

该栏应填写托运单位的完整地址。

8.（托运人）电话

该栏应填写托运单位的联系人的电话号码。

9.（收货人）名称

该栏填写收货单位的完整名称。本任务中，虽然最终的收货人为厦门开展贸易有限公司，但是其仓储业务由厦门翔龙负责，因此该批货物运到厦门后，应首先存放在厦门翔龙的仓库中，所以收货单位还是厦门翔龙。该栏应填写“厦门翔龙国际物流有限公司”。

10.（收货人）住址

该栏应填写收货单位的完整地址。

11.（收货人）电话

该栏填写收货单位的联系人的电话号码。

12. 车种车号

按照整车办理的货物必须填写该栏，且应与《铁路货物运单》上的内容一致。运输过程中，货物发生换装时，换装站应将《铁路货物运单》和《铁路运输货票》丁联原记的车种、车号画线抹消（使它仍可辨认），同时将换装后的车种、车号填记清楚，并在改正处加盖戳记，换装后的货车标记载重量有变动时，并应更正货车标重。

13. 施封号码

该栏填写施封环或封饼上的施封号码，封饼不带施封号码时，则填写封饼个数，且要与《铁路货物运单》上的施封号一致。

14. 铁路货车篷布号码

该栏填写该批货物所苫盖的铁路货车篷布号码，且要与《铁路货物运单》上的内容一致。

15. 集装箱号码

该栏填写装运该批货物的集装箱的箱号。

16. 经由

货物运价里程按最短路径计算时，该栏要与《铁路货物运单》上的内容一致。由本任务可知，该栏为空。

17. 运价里程

该栏填写发站至到站间最短路径的里程，但绕路运输时，应填写绕路经由的里程，该栏要与《铁路货物运单》上的内容一致。天津站到厦门站的运价里程为 2107 千米。因此该栏应填“2107”。

18. 货物名称、件数、包装

这些内容直接根据铁路货物运单的来填写。

19. 货物重量（千克）

分别填写托运人、承运人确定的货物重量。

20. 计费重量

整车货物填记货车标记载重量或规定的计费重量；零担货物和集装箱货物，填记按规定处理尾数后的重量。

21. 运价号、运价率

这两栏按照《铁路货物运单》中的内容填写。

22. 运费、装费、取送费、车费、过秤费

运费根据铁路货物运单填写，如果不收其他费用，则其他费用栏留空。

23. 发站承运日期戳

该处填写发站承运人填制改单的日期并加戳。

24. 经办人（盖章）

此处填写经办人的实际姓名或盖章。

在整理完上述信息后，周明填写完成的《铁路运输货票》如图 2-15 所示。

铁路运输货票

天津铁路货票

计划号码或运输号码：20160507001　　货票　HP201605070001　　甲联

货物运到期限　3　日　　发站存查　A00001

发站		天津火车站	到站（局）	厦门火车站		车种车号	集装箱车 P3041494	货车标重		承运人/托运人装车
托运人	名称	厦门翔龙国际物流有限公司				施封号码	CS1019699			承运人/托运人施封
	住址	厦门海沧区大名路168号	电话	1395599××××		铁路货车篷布号码	3000001			
收货人	名称	厦门翔龙国际物流有限公司				集装箱号码	CBHU3202799			
	住址	厦门海沧区大名路168号	电话	1395599××××		经由			运价里程	2107
货物名称		件数	包装	货物重量（千克）		计费重量	运价号	运价率	现付	
				托运人确定	承运人确定				类型	金额（单位：元）
炭烧咖啡		6000	纸箱	4832.00	4832.00	20英尺箱		发到基价：449.00元/箱 运行基价：1.98元/箱公里	运费	5785.70
									装费	
									取送费	
									车费	
									过秤费	
合计		6000							合计	5785.70
记事										

发站承运日期戳　2016年5月7日　　经办人（盖章）周明

图 2-15　填写完成的《铁路运输货票》

任务评价

通过学习上述任务，教师组织三方评价，并对执行学生任务的情况进行点评。请学生扫描以下二维码，完成任务评价表的填写。

任务四 货物入库保管（入库单、储位分配单、盘点单、退货申请单）

任务环节

海运进口共要经过 5 个流程环节，具体流程如图 2-16 所示。欢迎进入任务四，制作《入库单》《储位分配单》《盘点单》《退货申请单》。

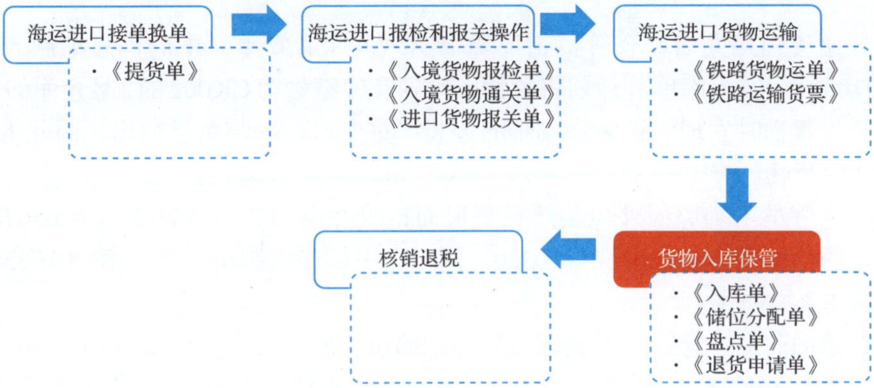

图 2-16 海运进口流程

任务目标

知识目标	（1）了解《入库单》《储位分配单》《盘点单》《退货申请单》在货物入库保管中的作用； （2）掌握《入库单》《储位分配单》《盘点单》《退货申请单》的主要内容； （3）掌握《入库单》《储位分配单》《盘点单》《退货申请单》的填制规范
技能目标	（1）能够根据提示在相关网站查找相关信息； （2）能够准备货物入库保管环节中所需的全套单证； （3）能够准确填制《入库单》《储位分配单》《盘点单》《退货申请单》
素养目标	（1）具备良好的沟通能力； （2）具有良好的团队合作能力； （3）具有一定的风险防范意识和良好的专业规范行为

任务展示

2016 年 5 月 10 日，厦门翔龙国际物流有限公司（以下简称“厦门翔龙”）订单处理中心收到客户厦门开展贸易有限公司（客户编号：A0000001）发来《入库通知单》，如图 2-17 所示。

入库通知单						
入库通知单号：LAN201605100045						
物流中心：厦门翔龙国际物流有限公司 电话：0592-729××××				地址：厦门海沧区大名路 168 号 计划到货日期：2015 年 5 月 11 日		
序号	**货品编号**	**货品名称**	**规格（单位：mm）**	**单位**	**计划数量**	**备注**
1	6507809010	炭烧咖啡（Sumiyaki Coffee）	1320×150×830	箱	600	20160201
合计					600	
制单人：陆辉		审核人：吴松	第 1 页 共 1 页			

图 2-17 《入库通知单》

货物到达厦门翔龙后，仓管员王璐璐根据《入库通知单》中的信息编制入库单号为RK201605100011的《入库单》，计划将货物入库到仓库编号为CK002的2号仓库的食品1区。王璐璐在验收货物时发现 2 箱炭烧咖啡的包装严重变形，内装物已散出，因此王璐璐拒收并退回这 2 箱货物。

随后，仓管员王璐璐因外包装严重变形而拒收并退回 2 箱货物编号为 6507809010 的炭烧咖啡，质检单号为 QT201605110320。同时，王璐璐编制单号为 THD201605100001 的《退货申请单》。

对于合格的商品，仓管员王璐璐为其分配储位。厦门翔龙仓储部货物的储位分配原则是被占用的货位不能分配，同类货物相邻，货位号从小到大排列，货物从低层至高层存放。例如，A 货架只剩 2 个储位：A00000（一层）和 A00100（二层），则货物优先存放在较低一层的 A00000。以上商品的货物存放要求如表 2-11 所示。

表 2-11 商品的货物存放要求

货物编号	货物名称	储位区间	堆码规则（件 / 货位）
6507809010	炭烧咖啡（Sumiyaki Coffee）	C20105 ~ C20605 C20106 ~ C20606	100

仓库中 CK002 的食品 1 区 C10105 ~ C10605、C10106 ~ C10606 现有库存及货物储位安排如表 2-12 所示（色块部分表示目前货位上有 50 箱炭烧咖啡）。

表 2-12 储位现有库存

1 号仓库生活用品 1 区 C 排货架										
06										
05										
04										
03										
02										
01					50 箱	50 箱				
	01	02	03	04	05	06	07	08	09	10

根据储位分配原则和仓库可用货位情况，仓管员王璐璐编制《储位分配单》（作业单号为：CW000000150011），以交给搬运组进行物料入储位作业，作业结果由搬运组王源在

《储位分配单》上反馈。

按照厦门翔龙仓储部月度盘点计划安排，仓管员王璐璐于 2016 年 5 月 25 日对仓库中的食品、日用品、家电三类货物进行盘点。根据 2015 年 5 月 25 日至 2016 年 4 月 26 日这段时间内以上三类货物的出入库情况及盘点情况，王璐璐填制了 1 号仓库食品 1 区、2 号仓库日用品 2 区、3 号仓库家电 7 区和家电 8 区共四张盘点单。现要求王璐璐填制 3 号仓库（仓库编号：CK003）家电 7 区的盘点单（盘点单号为 PD201605250003）。

王璐璐通过查询系统得知 3 号仓库家电 7 区货物的库存情况，具体库存情况如表 2-13 所示。

表 2-13　3 号仓库家电 7 区货物的库存情况

库区	货位	货品编号	货品名称	规格（单位：mm）	单位	库存数量	批次	入库日期
家电 7 区	A70506	501103	TCL 电视 D49A561U	1320×150×830	台	8	20150115	2015-07-30
家电 7 区	A70507	501103	TCL 电视 D49A561U	1320×150×830	台	12	20150115	2015-08-05
家电 7 区	A70508	501103	TCL 电视 D49A561U	1320×150×830	台	12	20150115	2015-08-05
家电 7 区	A70509	501103	TCL 电视 D49A561U	1320×150×830	台	6	20150115	2015-08-05
家电 7 区	A70401	503305	海信电视 LED50EC290N	1239×760×156	台	12	20141120	2015-08-05
家电 7 区	A70402	503305	海信电视 LED50EC290N	1239×760×156	台	9	20141120	2015-08-05
家电 7 区	B70401	505216	索尼液晶电视 KDL-48R550C	1187×732×158	台	5	20150510	2015-08-18
家电 7 区	B70402	505216	索尼液晶电视 KDL-48R550C	1187×732×158	台	12	20150510	2015-08-18
家电 7 区	B70403	505216	索尼液晶电视 KDL-48R550C	1187×732×158	台	12	20150510	2015-08-18
家电 7 区	B70203	507120	康佳彩电 LED32E330CE	821×558×246	台	15	20150210	2015-08-18
家电 7 区	B70204	507120	康佳彩电 LED32E330CE	821×558×246	台	15	20150210	2015-08-18

王璐璐带着《盘点单》到 3 号仓库家电 7 区进行盘点。王璐璐经过盘点得知，实际货物数量与《盘点单》上的库存数量一致，且货物包装完好，无损坏现象。王璐璐根据盘点结果继续填写《盘点单》（盘点单号为 PD201605250003）。

任务准备

扫一扫

请同学扫描以下二维码，了解货物入库保管的相关知识。

任务执行

步骤一：认识并填制《入库单》

在该步骤中，王璐璐收到《入库通知单》后，开始制作《入库单》。王璐璐在主管的指导下，通过查阅相关资料，了解到《入库单》中的各项内容及其含义如下。

1. 入库单号

该栏填写入库单的编号。

2. 仓库编号

该栏填写该货品所入仓库的编号。

3. 入库通知单号

该栏填写《入库通知单》的单号。

4. 供应商名称

该栏填写供应商公司全称。

5. 供应商编号

该栏填写该供应商的编号。

6. 制单时间

该栏填写制作《入库单》的时间。本任务中，王璐璐于 2016 年 5 月 10 日收到《入库通知单》并开始着手填制《入库单》，因此该栏应填写“2016 年 5 月 10 日”。

7. 货品名称

该栏填写入库货品的品名。

8. 货品编号

该栏填写货品的编号。本任务中，根据《入库通知单》中的信息可知，货物的编号为 6507809010，因此该栏应填写“6507809010”。

9. 规格

该栏填写货品的规格。规格一般指工业产品的物理形状，一般包括体积、长度、形状、重量（如钢筋，通常用直径的大小来区分；一听易拉罐可乐的规格通常是 355ml）。规格还指产品的包装规格（如 12 瓶 / 箱，代表每箱 12 瓶）。本任务中货物的规格为箱子的尺寸（1320mm×150mm×830mm），因此该栏应填写“1320×150×830”。

10. 单位

该栏填写货品入库放置的最大包装单位，如 12 瓶 / 箱的货品，填写“箱”而不是“瓶”。本任务中货物的单位是“箱”，因此该栏应填写“箱”。

11. 计划数量

该栏填写该货品计划收货的件数。本任务中，由《入库通知单》可知，计划入库的数量为 600 箱，因此该栏应填写“600”。

12. 实际数量

该栏填写该货品实际收货的件数。本任务中，王璐璐在入库验收的过程中，发现 2 箱货物有破损并拒收，因此实收数量为 598 箱，所以该栏应填写“598”。

13. 合计（计划数量）

该栏填写计划收货的总件数。

14. 合计（实际数量）

该栏填写实际收货的总件数。

15. 批次

该栏填写该行货品的生产批次，如批次为“20110315”则代表该货品是在 2011 年 3 月 15 日同一批次生产的。本任务中，由《入库通知单》的备注可知，该批货物的批次为 20160201，因此该栏应填写“20160201”。

16. 备注

如无特别说明则不需要填写该栏。本任务中，实收数量与计划数量不同，需要说明原因，因此该栏应填写“2 箱炭烧咖啡包装严重变形，内装物已散出。拒收”。

17. 仓管员

负责该货品入库的仓管员确认后需要在该栏签名。

18. 制单人

填制完成并确认后制单人需要在该栏签名。

在整理完上述信息后，王璐璐填写完成的《入库单》如图 2-18 所示。

<table>
<tr><td colspan="8">入库单</td></tr>
<tr><td colspan="8">入库单号：RK201605100011</td></tr>
<tr><td>仓库编号</td><td colspan="3">CK002</td><td colspan="2">入库通知单号</td><td colspan="2">LAN201605100045</td></tr>
<tr><td>供应商名称</td><td colspan="3">厦门开展贸易有限公司</td><td>供应商编号</td><td>A0000001</td><td>制单时间</td><td>2016 年 5 月 10 日</td></tr>
<tr><td>货品名称</td><td>货品编号</td><td>规格
（单位：mm）</td><td>单位</td><td>计划数量</td><td>实际数量</td><td>批次</td><td>备注</td></tr>
<tr><td>炭烧咖啡</td><td>6507809010</td><td>1320×150×830</td><td>箱</td><td>600</td><td>598</td><td>20160201</td><td>2 箱炭烧咖啡包装严重变形，内装物已散出。拒收</td></tr>
<tr><td></td><td></td><td></td><td></td><td></td><td></td><td></td><td></td></tr>
<tr><td></td><td></td><td></td><td></td><td></td><td></td><td></td><td></td></tr>
<tr><td></td><td></td><td></td><td></td><td></td><td></td><td></td><td></td></tr>
<tr><td colspan="4">合计</td><td>600</td><td>598</td><td></td><td></td></tr>
<tr><td colspan="4">制单人：王璐璐</td><td colspan="4">仓管员：王璐璐</td></tr>
</table>

图 2-18 填写完成的《入库单》

步骤二：认识并填制《退货申请单》

由步骤一可知，入库的货物在验收过程中发现有 2 箱破损并拒收，因此，王璐璐需要填制一份《退货申请单》。同样，在填制之前，首先要认识《退货申请单》的各项内容及含义。

1. 退货单号

该栏填写退货单编号，以便日后查找及管理。

2. 供应商名称

该栏填写供应商公司全称。

3. 申请日期

该栏填写申请退货的日期。本任务中，商品于 2016 年 5 月 11 日入库，当天验收发现问题后即刻申请退货，因此该栏应填写“2016 年 5 月 11 日”。

4. 货品名称、货品编号、规格

以上信息按实际情况填写（需与《入库通知单》一致）。

5. 单位

该栏填写退货货品的包装单位（如退 3 瓶，单位为“瓶”；退 3 箱，单位为“箱”）。

6. 退货数量

该栏填写退货货品的件数。

7. 质检单号

货品不合格需要退货时，需要首先进行质检，进行质检产生的单据号就是质检单号。

8. 退货原因

该栏填写申请退货的原因，应与《质检报告》中的退货原因一致。

9. 备注

如无特别说明则不需要填写备注。

10. 制单人

填制并确认后制单人需要在该栏签字。

11. 仓管员

仓库的仓管员确认后需要在该栏签字。

在整理完上述信息后，王璐璐填写完成的《退货申请单》如图 2-19 所示。

退货申请单

退货单号：THD201605100001

供应商名称	厦门开展贸易有限公司				申请日期	2016 年 5 月 11 日	
货品名称	货品编号	规格（单位：mm）	单位	退货数量	质检单号	退货原因	备注
炭烧咖啡	6507809010	1320×150×830	箱	2	QT201605110320	2 箱炭烧咖啡包装严重变形，内装物已散出	
制单人：王璐璐			仓库员：王璐璐				

图 2-19 填写完成的《退货申请单》

步骤三：认知并填制《储位分配单》

货物入库后，王璐璐需给货物分配储位，因此需要准备一份《储位分配单》。同样，在填制之前，首先要认识《储位分配单》中的各项内容及其含义。

1. 作业单号

该栏填写《储位分配单》的作业单号。

2. 入库单号

该栏填写上架货品的《入库单》的编号。

3. 仓库编号

该栏填写货品上架放置的仓库的编号。

4. 仓管员

该栏填写货品上架放置的库房的仓管员姓名。

5. 日期

该栏填写《储位分配单》的制作日期。

6. 序号

从数字“01”开始，按顺序填写序号。

7. 库区

该栏填写货品上架放置的仓库库区。

8. 储位

该栏填写货品上架放置的储位编码。按照本任务储位分配的原则“被占用的货位不能分配，同类货物相邻，货位号从小到大排列，货物从低层至高层存放”，且堆码规则为100 件 / 货位。因此，C10105、C10106 已被占用，不能分配，C10205、C10305、C10405、C10206、C10306、C10406 这 6 个储位分别分配 100 箱。储位分配表如表 2-14 所示。

表 2-14 储位分配表

1 号仓库食品 1 区 C 排货架										
06										
05										
04					+100 箱	+100 箱				
03					+100 箱	+100 箱				
02					+100 箱	+100 箱				
01					50 箱	50 箱				
	01	02	03	04	05	06	07	08	09	10

9. 货品名称、货品编号、规格

这些内容按照实际情况填写。

10. 单位

该栏填写货品放置的最大包装单位，如 12 瓶装 1 箱的货品，填写“箱”而不是“瓶”。

11. 应放数量

该栏由制单人填写每个储位应放多少数量。

12. 实放数量

该栏由搬运组将货物搬运上架后填写实际上架货物数量。因此，该栏留空。

13. 制单人

填制完成并确认后制单人需要在该栏签名。

14. 作业人

由搬运组上架完毕，确认数量后签名。因此，该栏留空。

在整理完上述信息后，王璐璐填写完成的《储位分配单》如图 2-20 所示。

储位分配单									
					作业单号：CW000000150011				
入库单号	RK201605100011		仓库编号		CK002				
仓管员	王璐璐		日期		2016 年 5 月 11 日				
作业明细									
序号	库区	储位	货品名称	货品编号	规格（单位：MM）	单位	应放数量	实放数量	备注
01	食品 1 区	C10205	炭烧咖啡	6507809010	1320×150×830	箱	100		
02	食品 1 区	C10305	炭烧咖啡	6507809010	1320×150×830	箱	100		
03	食品 1 区	C10405	炭烧咖啡	6507809010	1320×150×830	箱	100		
04	食品 1 区	C10206	炭烧咖啡	6507809010	1320×150×830	箱	100		
05	食品 1 区	C10306	炭烧咖啡	6507809010	1320×150×830	箱	100		
06	食品 1 区	C10406	炭烧咖啡	6507809010	1320×150×830	箱	100		
制单人：王璐璐					作业人：				

图 2-20 填写完成的《储位分配单》

步骤四：认识并填制《盘点单》

按照厦门翔龙仓储部月度盘点计划安排，王璐璐于 2016 年 5 月 25 日对仓库中的家电类货物进行盘点。盘点时需要制作《盘点单》。同样，在填制《盘点单》之前，首先要认识《盘点单》中的各项内容及含义。

1. 盘点单号

该单号为《盘点单》的编号。

2. 仓库编号

该栏填写实施盘点的仓库的编号。

3. 制单日期

该栏填写制单当天的日期。

4. 库区、储位

这两栏填写实施盘点的实际库区和储位。

5. 货物编号、货品名称、规格、单位、库存数量

以上信息按照盘点的实际情况填写。

本任务的库区、储位、货物编号、货品名称、规格、单位、库存数量，分别根据实际库存情况（见表 2-16）填写。

6. 实际数量、盈亏数量、损坏数量

以上信息由盘点人员实际盘点后按照盘点结果填写。本任务中，王璐璐盘点后发现实际货物数量与盘点单上的库存数量一致，且货物包装完好，无损坏现象。因此，实际数量与对应的库存量一致，盈亏数量、损坏数量皆为 0。

7. 备注

如无特殊说明，则无须填写备注。

8. 制单人

该栏由实际制单人签名。

9. 盘点员

该栏由实施盘点的人员签名。

在整理完上述信息后，王璐璐填写完成的《盘点单》如图 2-21 所示。

盘点单										
盘点单号：PD201605250003										
仓库编号	CK003				制单日期	2016 年 5 月 25 日				
货　品　信　息										
库区	储位	货品编号	货品名称	规格（单位：MM）	单位	库存数量	实际数量	盈亏数量	损坏数量	备注
家电 7 区	A70506	501103	TCL 电视 D49A561U	1320×150×830	台	8	8	0	0	
家电 7 区	A70507	501103	TCL 电视 D49A561U	1320×150×830	台	12	12	0	0	
家电 7 区	A70508	501103	TCL 电视 D49A561U	1320×150×830	台	12	12	0	0	
家电 7 区	A70509	501103	TCL 电视 D49A561U	1320×150×830	台	6	6	0	0	
家电 7 区	A70401	503305	海信电视 LED50EC290N	1239×760×156	台	12	12	0	0	
家电 7 区	A70402	503305	海信电视 LED50EC290N	1239×760×156	台	9	9	0	0	
家电 7 区	B70401	505216	索尼液晶电视 KDL-48R550C	1187×732×158	台	5	5	0	0	
家电 7 区	B70402	505216	索尼液晶电视 KDL-48R550C	1187×732×158	台	12	12	0	0	
家电 7 区	B70403	505216	索尼液晶电视 KDL-48R550C	1187×732×158	台	12	12	0	0	
家电 7 区	B70203	507120	康佳彩电 LED32E330CE	821×558×246	台	15	15	0	0	
家电 7 区	B70204	507120	康佳彩电 LED32E330CE	821×558×246	台	15	15	0	0	
制单人：王璐璐					盘点员：王璐璐					

图 2-21　填写完成的《盘点单》

任务评价

通过学习上述任务，教师组织三方评价，并针对学生执行任务的情况进行点评。请学生扫描以下二维码，完成任务评价表的填写。

项目三

空运出口货代单证

任务一 航空出口接单揽货（国际货物托运书）

任务环节

空运出口共要经过 6 个流程环节，具体流程如图 3-1 所示。欢迎进入任务一，了解《国际货物托运书》。

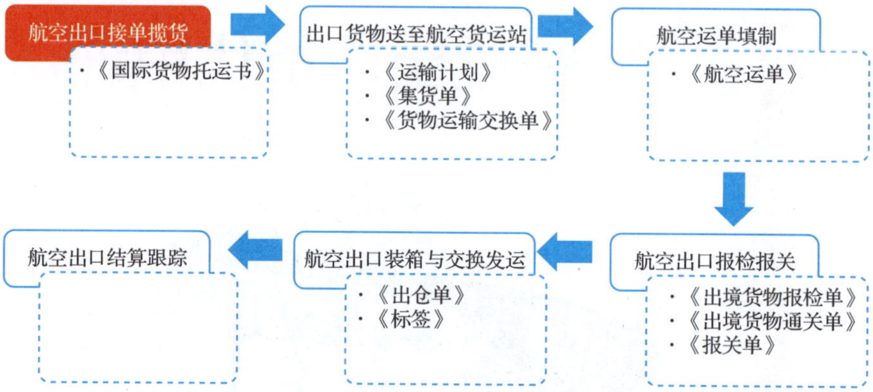

图 3-1 空运出口流程

任务目标

知识目标	（1）了解《国际货物托运书》的含义； （2）掌握《国际货物托运书》的填写规范； （3）掌握《国际货物托运书》的审核方法
技能目标	（1）能够根据已有资料快速提取信息要点； （2）能够按照业务要求，将提取的要点准确填入《国际货物托运书》
素养目标	（1）具备良好的沟通能力； （2）具有良好的团队合作精神； （3）具备一定的风险防范意识和良好的专业规范行为

任务展示

厦门翔龙国际物流有限公司（XIAMEN XIANGLONG LOGISTICS CO.,LTD.）是经中华人民共和国商务部批准的一级国际货运代理企业。公司竭诚为用户提供国际海上货物运输、空运、内陆拖车运输、仓储、进出口报关、商品检验、进出口代理及海上货物保险等一条龙服务。

厦门阳光贸易有限公司是一家大型医药出口贸易企业。2017 年 2 月 16 日，厦门阳光贸易有限公司委托厦门翔龙国际物流有限公司出口 100 箱（纸箱规格为

50cm×30cm×20cm）维生素 D3 到南非开普敦，要求这批药物在 2017 年 2 月底能够到达目的地。

出口方：XIAMEN SUNNY TRADING CO., LTD.

出口方地址： NO.555 XIAHE ROAD, XIAMEN CITY，FUJIAN,CHINA

进口方：PEOPLES SPORTING GOODS & MDSG. CORP.

进口方地址：NO.3-668 MULA BUILDING, CAPE TOWN, SOUTH AFRICA

代理人：XIAMEN XIANGLONG LOGISTICS CO.,LTD.

货物信息见表 3-1。

表 3-1　货物信息

件数 NO.OF PACKAGES	100 CARTONS
实际毛重 ACTUAL GROSS WEIGHT(KG)	600KGS
货物品名及数量 NATURE AND QUANTITY OF GOODS	VITAMIN D3
体积或尺寸 DIMENSION OF VOLUME	3.0CBM
标记 MARKS	COUNTRY OF ORIGIN:CHINA

发货人不要求声明运输价值，无海关声明价值，所有费用全部采用预付方式，交付承运人的其他费用按重量收取，每千克 1 元，签发 3 份航空正本运单。

蒋蕾是厦门阳光贸易有限公司的单证员，该公司主管张斌将此任务交给蒋蕾负责，根据上述信息和所掌握的资料，蒋蕾将负责完成《国际货物托运书》的填写工作。

任务准备

扫一扫

请扫描以下二维码，了解航空出口接单揽单的相关知识。

任务执行

步骤一：准备国际货物托运书相关资料

可以看到《国际货物托运书》中的主要信息包括托运人姓名及地址、收货人姓名及地址、代理人的名称和城市、始发站、到达站、托运人声明的价值、处理情况、件数、实际毛重、运价类别、收费重量、费率和货物品名及数量等。

通过查阅相关资料，蒋蕾掌握了所需信息，并将《国际货物托运书》中需要的信息逐一标出，以待后续使用时可以快速找到。

步骤二：认识《国际货物托运书》中各信息含义

要完成《国际货物托运书》的制作，蒋蕾必须先了解《国际货物托运书》中各项内容的含义。填写国际货代相关单证时，国际惯例是用英文大写，蒋蕾在主管张斌的指导下，通过查阅相关资料，了解到《国际货物托运书》各项内容含义如下。

1. 托运人姓名及地址

该栏填写托运人姓名或托运单位，以及地址。地址须详细填写。

2. 托运人账号

该栏只有在需要时才填写。

3. 收货人姓名及地址

该栏详细填写收货人的全名，地址填写收货人所在的国名、城市和街道的名称、门牌号码和电话号码。由于空运单不能转让，所以在收货人姓名栏不得填写“To order”字样。

4. 收货人账号

该栏只在需要时才填写。有时，承运人要求托运人提供账号，以便向收货人收取运费时使用。

5. 代理人的名称和城市

该栏详细填写代理人的名称和所在城市。

6.（供承运人用）航班 / 日期

该部分可留空，由承运人或货代公司填写，也可以填写出口企业已经预先订妥的航班及日期。

7. 运费

该栏用于发货人填报运费是预付还是到付。预付用 PP 表示，到付用 CC 表示。

8. 始发站

该栏填写始发机场的名称或所在城市全名。在始发城市拥有若干个机场的情况下，可选择一个距离托运人较近的机场，并写明机场的名称。

9. 到达站

该栏填写目的地机场的名称。如果到达地有若干个机场，则应选择距收货人最近或收货人收货最方便的机场，如果到达地没有机场，则应选择距目的地最近的机场。如果不知道机场名称，则可填写所在城市全名。

10. 托运人声明的价值

该栏有两项内容。

① 供运输用。该栏填写出口企业向货代公司或航空公司办理货物声明价值的金额，一般按发票金额填制。如果不声明，则填写 NVD（No Value Declare，没有声明价值）。

② 供海关用。该栏所填内容是提供给海关的征税依据，当使用《出口货物报关单》或商业发票征税时，该栏可以留空或填 As per Inv.（同发票）。如果货物没有商业价值（如样品），则该栏填写 NCV（No Commercial Value，没有商业价值）。

11. 保险金额

如果航空公司为托运人代办货物运输保险业务，则该栏填写货物的保险金额。如果航空公司不提供此项服务或托运人不要求代办保险，则该栏填写 NIL（Nothing），一般可不填。

12. 随附文件

该栏填写出口企业交给航空公司或货代公司的，随同货物一起出运的单据名称，如发票、《装箱单》等。如无随附文件，则该栏不填。

13. 处理情况

该栏填写货物的包装方式、货物标志和号码，以及在运输、中转、装卸、储存时需要特别注意的事项。当货物不能交与收货人时，托运人应写明处理办法。

14. 件数

该栏填写货物包装件数。如果是混合交运的货物，则相同运价的货物填写在一起，运价不同的货物则分列。

15. 实际毛重

该栏填写货物的毛重，与件数相对应。分别填写毛重时，要将总毛重填写在横线下面。如果货物毛重以千克（KG）表示，则重量的最小单位是 0.5 千克。当重量不足 0.5 千克时，按 0.5 千克计算；超过 0.5 千克不足 1 千克时，按 1 千克计算。如果货物毛重以磅（1b）表示，则当货物重量不足 1 磅时，按 1 磅计算。例如，货物毛重为 269.3 千克，则填写为 269.5KGS；货物毛重为 269.6 千克，则填写为 270.0KGS。

16. 运价类别

该栏由承运人填写，一般以英文代码表示，英文代码含义如下。

M（Minimum charge）：最低运价。

N（Normal under 45KGS Rate）：货物在 45 千克以下普通运价。

Q（Quantity over 45KGS Rate）：货物在 45 千克以上普通运价。

C（Special Commodity Rate）：特种商品运价。

17. 收费重量

该栏应由承运人或其代理人在计量完货物的尺寸（以厘米为单位）后，由承运人或其代理人计算出收费重量后填入。

18. 费率

该栏由承运人根据不同的运价类别及货物数量填写相应的运费费率。使用最低运费时，填写与运价代号 M 相对应的最低运费。使用运价代号 N、Q、C、S、R 时，填写相对应的运价，一般填写每千克运价。

19. 货物品名及数量（包括体积或尺寸）

该栏填写货物的具体名称及数量。货物名称不得填写表示货物类别的统称，如电器、仪器等；鲜活易腐物品、活体动物及危险品等不能作为货物名称，而应填写其标准学术名称。

该栏填写完货物名称后，还要填写每件货物的外包装尺寸或体积，单位分别用厘米或立方米表示。货物的外包装尺寸按“长 × 宽 × 高 × 件数”的顺序填写。

20. 托运人签字、日期

该栏由出口企业签字或盖章。间接托运时，由货代公司签字或盖章，并填写托运货物的日期。

21. 经手人、日期

该栏填写出口企业单证员姓名。间接托运时，该栏填写货代公司具体经办人的名字。同时，需要填写办理托运货物的日期。

整理完上述信息后，蒋蕾填写完成的《国际货物托运书》如图 3-2 所示。

国 际 货 物 托 运 书

SHIPPER’S LETTER OF INSTRUCTION

货 运 单 号 码:
NO. OF AIR WAYBILL:

<table>
<tr><td>托运人姓名及地址
SHIPPER´S NAME AND ADDRESS</td><td>托 运 人 账 号
SHIPPER´S ACCOUNT NUMBER</td><td colspan="2">供 承 运 人 用
FOR CARRIER USE ONLY</td></tr>
<tr><td colspan="2" rowspan="2">XIAMEN SUNNY TRADING CO.,LTD.
NO.555 XIAHE ROAD, XIAMEN CITY，FUJIAN,CHINA</td><td>航班 / 日期
FLIGHT/DAY</td><td>航班 / 日期
FLIGHT/DAY</td></tr>
<tr><td></td><td></td></tr>
<tr><td>收货人姓名及地址
CONIGNEE’S NAME AND ADDRESS</td><td>收 货 人 账 号
CONSIGNEE’S ACCOUNT NUMBER</td><td>已预留吨位 BOOKED</td><td></td></tr>
<tr><td colspan="2">PEOPLES SPORTING GOODS & MDSG.CORP.
NO.3-668 MULA BUILDING,CAPE TOWN,SOUTH AFRICA</td><td>运费 CHARGES</td><td>PP</td></tr>
</table>

图 3-2　填写完成的《国际货物托运书》

<table>
<tr><td colspan="4">代理人的名称和城市
ISSUING CARRIER´S AGENT NAME AND CITY
XIAMEN XIANGLONG LOGISTICS CO.,LTD.</td><td colspan="2" rowspan="3"></td></tr>
<tr><td colspan="4">始发站
AIRPORT OF DEPARTURE
XIAMEN CITY，FUJIAN,CHINA</td></tr>
<tr><td colspan="4">到达站
AIRPORT OF DESTINATION
CAPE DOWN，SOUTH AFRICA</td></tr>
<tr><td colspan="3">托运人声明的价值
SHIPPER´S DECLARED VALUE</td><td rowspan="2">保险金额
AMOUNT OF
INSURANCE</td><td colspan="2" rowspan="2">随附文件
DOCUMENTS TO ACCOMPANY AIR WAYBILL</td></tr>
<tr><td>供运输用
FOR CARRIAGE
NVD</td><td colspan="2">供海关用
FOR CUSTOMS
NCV</td></tr>
<tr><td colspan="6">处理情况（包括包装方式、货物标志及号码等）
COUNTRY OF ORIGIN: CHINA</td></tr>
<tr><td>件数
NO.OF
PACKAGES</td><td>实际毛重（千克）
ACTUAL GROSS
WEIGHT(KG)</td><td>运价类别
RATE
CLASS</td><td>收费重量（千克）
CHARGEABLE
WEIGHT（KG）</td><td>费率
RATE/
CHARG</td><td>货物品名及数量（包括体积或尺寸）
NATURE AND QUANTITY OR GOODS
（INCL.DIMENSIONS OF VOLUME）</td></tr>
<tr><td>100CARTONS</td><td>600KGS</td><td></td><td></td><td></td><td>VITAMIN D3
50CM×30CM×20CM×100</td></tr>
</table>

托运人证实以上所填全部属实并愿遵守承运人的一切载运章程

THE SHIPPER CERTIFIES THAT THE PARTICULARS ON THE FACE HEREOF ARE CORRECT AND AGREES TO THE CONDITIONS OF CARRIAGE OF THE CARRIER

托运人签字 厦门阳光贸易有限公司　　日期 2017 年 2 月 16 日　　经手人 蒋蕾　　日期 2017 年 2 月 16 日

SIGNATURE OF SHIPPER　　DATE　　AGENT　　DATE

图 3-2　填写完成的《国际货物托运书》（续）

任务评价

通过学习上述任务，教师可组织三方评价，并对学生的任务执行情况进行点评。请学生扫描以下二维码，完成任务评价表的填写。

任务二 出口货物送至航空货运站（运输计划、集货单、货物运输交接单）

任务环节

空运出口共要经过 6 个流程环节，具体流程如图 3-3 所示。欢迎进入任务二，了解出口货物送至航空货运站的过程中涉及的相关单据。

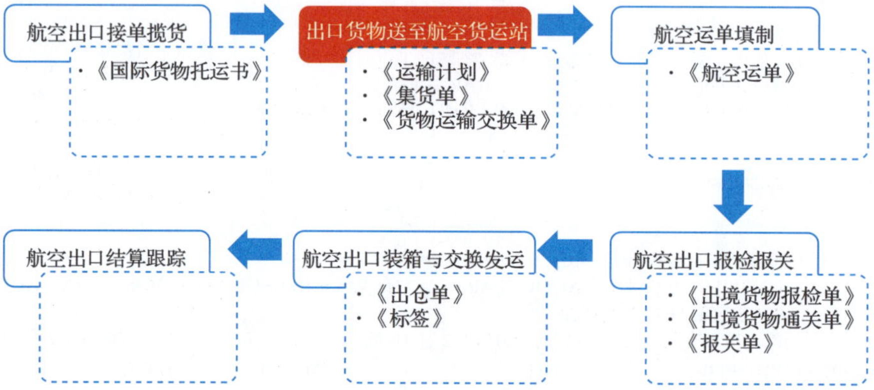

图 3-3　空运出口流程

任务目标

知识目标	（1）了解《运输计划》《集货单》和《货物运输交接单》的作用； （2）了解《运输计划》《集货单》和《货物运输交接单》的内容； （3）掌握《运输计划》《集货单》和《货物运输交接单》的填制要点
技能目标	（1）能够根据已有资料快速提取信息要点； （2）能够按照业务要求，将提取的要点准确填入《运输计划》《集货单》和《货物运输交接单》
素养目标	（1）具备良好的沟通能力； （2）具有良好的团队合作精神； （3）具备一定的风险防范意识和良好的专业规范行为

任务展示

2017 年 2 月 16 日，厦门翔龙国际物流有限公司客服人员李丽收到了客户发来的两份《发货通知单》。《发货通知单》具体内容见表 3-2、表 3-3。

表 3-2　发货通知（一）

运单号	XL2017021601
托运人	厦门阳光贸易有限公司（联系人：刘涛；电话：0592-573××××；地址：福建省厦门市嘉禾路 555 号；邮编：361009）
托运货物	维生素 D3（单件体积：$0.03M^3$；单件重量：6KG；数量 100 箱）
包装方式	纸箱
收货人	厦门高崎国际机场 1 号仓库（联系人：王强；电话：0592-573××××；地址：福建省厦门市湖里区翔云一路 121；邮编：361006）
托运要求	（1）要求取货和送货，取货地联系信息与托运人联系信息相同，送货地联系信息与收货人联系信息相同； （2）2017 年 2 月 18 日 12:00 前到货
结算	结算方式：现结

表 3-3　发货通知（二）

运单号	XL2017021602
托运人	厦门百灵软件技术有限公司（联系人：周勇；电话：0592-6533××××；地址：厦门市火炬高新区信息光电园岐山北二路 999 号；邮编：361006）
托运货物	90 箱二极管（总体积：$2.7M^3$；总重量：1152KG）
包装方式	木箱
收货人	厦门高崎国际机场 1 号仓库（联系人：王强；电话：0592-573××××；地址：福建省厦门市湖里区翔云一路 121；邮编：361006）
托运要求	（1）要求取货和送货，取货地联系信息与托运人联系信息相同，送货地联系信息与收货人联系信息相同； （2）2017 年 2 月 18 日 11:00 前到货
结算	（1）结算方式：现结 （2）取货费用和送货费用各 120 元，无其他杂费

客服人员李丽审核客户的业务申请后，将《发货通知单》提交给调度员赵明明进行操作。接到《发货通知单》通知后，调度员赵明明根据作业情况和公司现有运力情况，编制计划单号为 YSJH2017021701 的《运输计划》，并安排取货作业及行驶路线为厦门阳光贸易有限公司—厦门百灵软件技术有限公司—厦门高崎国际机场，全程 56.2 千米。

2017 年 2 月 17 日 10:00，班车从厦门翔龙国际物流有限公司出发，预计 10:30 到达厦门阳光贸易有限公司；并在厦门阳光贸易有限公司装货；11:00 从厦门阳光贸易有限公司出发，预计 11:30 到达厦门百灵软件技术有限公司；在厦门百灵软件技术有限公司装货后，12:00 从厦门百灵软件技术有限公司出发，预计 13:00 到达厦门翔龙国际物流有限公司；在场站进行集货后，预计 15:00 出发，并预计 16:00 到达厦门高崎国际机场 1 号仓库。

赵明明查看公司运力表（见表 3-4）后，安排车牌号为闽 D48569，班车编号为 B00211 的车辆执行运输任务。

表 3-4　公司运力表

姓名	车牌号	联系方式	车厢尺寸（长、宽、高）	车容（M^3）	核载（T）	货厢类型	运行线路
张飞	闽 D48569	1832147××××	4.2M×1.8M×1.9M	12	3	全厢	市内取货
刘海荣	闽 D17854	1384578××××	5.2M×1.8M×1.9M	20	6	全厢	市内取货
朱冠宇	闽 D47586	1597546××××	7.2M×2.3M×2.5M	35	10	全厢	市内取货

调度员赵明明根据班车信息、作业路线等情况编制单号为 JHD2017021701 的《集货单》，并发指令给场站货运员李建，规定 2017 年 2 月 17 日 14:00 前将所有货物集货到场站，并于 14:30 装车，于 15:00 发车。

调度员赵明明安排取货货运员杨宝到取货地收取货物，2017 年 2 月 17 日 13:00，取货货运员和取货司机带着货物到达场站，场站货运员李建根据《集货单》完成集货作业，并将集货情况反馈给调度员赵明明，赵明明根据实际集货情况编制编号为 YSJJD2017021701 的《货物运输交接单》发送给厦门高崎国际机场 1 号仓库的调度员张梅。

货物装车后，由专人对车辆进行施封，采用 1 枚封锁，封号为 FH001。车辆性质为分供方。

根据以上信息，由赵明明完成《运输计划》《集货单》《货物运输交接单》的填制。

任务准备

扫一扫

请扫描以下二维码，了解出口货物送至航空货运站的相关知识。

任务执行

步骤一：认识并填制《运输计划》

调度员赵明明通过分析《发货通知单》中的货物属性、货物流向、运输要求和到货时限等信息，查阅公司现有运力情况，根据货物的运输路线、预计装载量和体积，选择司机张飞师傅驾驶车牌号为闽 D48569 的车辆执行运输任务。赵明明着手填制《运输计划》。

通过查阅相关资料，赵明明了解到《运输计划》各项内容及含义如下。

1. 发运时间

该栏填写车辆在始发站的发运时间。发运时间应与发车时间一致。

2. 计费里程、全行程

该栏填写始发站到目的站的公路里程。

3. 备用金

预留字段，填写 0。

4. 预计装载量

该栏填写该车辆所运货物的总重量；多种货品时需要填写计算后的总重量。例如，本任务中，维生素 D3 的重量为 6KG/ 箱 ×100 箱 =600KG，二极管的重量为 1152KG，因此总重量为 1152+600=1752（KG），所以该栏应填 1752。

5. 到达时间（始发站、经停站、目的站）

该栏分别填写车辆在经停站、目的站的预计到达时间，始发站到达时间可不填或用“——”标识。如果在《发货通知单》中准确给出预计到达时间，则按《发货通知单》填写；如果《发货通知单》中未准确给出预计到达时间，则填写托运要求中的到货时间。如果未涉及中转，则经停站到达时间不填。

6. 发车时间（始发站、经停站、目的站）

该栏分别填写车辆在始发站、经停站的预计发车时间，目的站到达时间可不填或用“——”标识。如果在《发货通知单》中准确给出预计发车时间，则按《发货通知单》填写；如果《发货通知单》中未准确给出预计发车时间，则填写调度员编制的《运输计划》中的时间。如果未涉及中转，则经停站发车时间不填。

7. 经停站托运信息

该栏填写目的站为本车辆经停站的托运信息。其中，发货人栏填写托运人单位；重量、体积为托运信息中的总重量和总体积；收货人栏填写收货人单位；收货时间为托运人要求的到货时间；无须中转时，经停站时间可不填，或用“——”标识。

8. 目的站托运信息

该栏填写目的站为本车辆目的站的托运信息。其中，发货人栏填写托运人单位；重量、体积为托运信息中的总重量和总体积；收货人栏填写收货人单位；收货时间为托运人的要求到货时间。

在整理完上述信息后，赵明明填写完成的《运输计划》如图 3-4 所示。

运输计划

发运时间：2017 年 2 月 17 日　　　　编号：YSJH2017021701

车牌号	闽 D48569	核载 (T)	3	车容 (M^3)	12	——	始发站	经停站	目的站
计费里程 (KM)	56.2	司机	张飞	联系方式	1832147××××	到达时间			2017-2-17 16:00
全行程 (KM)	56.2	备用金（元）	0	预计装载量	1752	发车时间	2017-2-17 10:00		

经停站										
发货人	发货地址	货物名称	包装方式	数量（件）	重量 (KG)	体积 (M^3)	收货人	收货地址	收货时间	备注

图 3-4　填写完成的《运输计划》

目的站										
发货人	发货地址	货物名称	包装方式	数量（件）	重量 (KG)	体积 (M^3)	收货人	收货地址	收货时间	备注
厦门阳光贸易有限公司	福建省厦门市嘉禾路555号	维生素D3	纸箱	100	600	3	厦门高崎国际机场1号仓库	福建省厦门市湖里区翔云一路121	2017-2-17 16:00	

图 3-4 填写完成的《运输计划》（续）

步骤二：认识并填制《集货单》

若要完成《集货单》的填制，赵明明必须首先了解《集货单》中各项内容及其含义。通过查阅相关资料，赵明明了解到《集货单》中各项内容及其含义如下。

1. 单据号、班车编号、车牌号

这三栏分别填写《集货单》的单据号、取货车辆的班车编号、取货车辆的车牌号。

2. 集货截止时间

该栏填写集货结束的时间。

3. 始发站和到达站

该两栏分别填写始发站和到达站的城市名称。

4. 预计装车时间

该栏填写车辆在始发站的预计装车时间。

5. 发车时间

该栏填写车辆在始发站的发车时间。

6. 到达时间

该栏填写车辆预计到达时间。

7. 总数量、总体积、总重量

这三栏分别填写货物的总数量、货物的总体积、货物的总重量。例如，通过本任务的《发货通知单》可以知道，货物的总数量为 100+90=190（箱），总体积为 3+2.7=5.7（M^3），总重量为 600+1152=1752（KG），所以总数量栏应填 190，总体积栏应填 5.7，总重量栏应填 1752。

8. 货物托运信息

此处填写货物托运信息，包括运单号、发货人、发货地址、货物名称、包装材料、收货人、件数、重量、体积。

9. 填表人和填表日期

《集货单》应由始发站调度人员签名，并填写制作《集货单》的日期。

在整理完上述信息后，赵明明填写完成的《集货单》如图 3-5 所示。

集货单

<table>
<tr><td>单据号</td><td colspan="2">JHD2017021701</td><td>始发站</td><td colspan="2">厦门</td><td colspan="2">集货截止时间</td><td colspan="3">2017-2-17 14:00</td></tr>
<tr><td>班车编号</td><td colspan="2">B00211</td><td>到达站</td><td colspan="2">厦门</td><td colspan="2">预计装车时间</td><td colspan="3">2017-2-17 14:30</td></tr>
<tr><td>车牌号</td><td colspan="2">闽 D48569</td><td>总数量（件）</td><td colspan="2">190</td><td colspan="2">发车时间</td><td colspan="3">2017-2-17 15:00</td></tr>
<tr><td>总重量（KG）</td><td colspan="2">1752</td><td>总体积（M³）</td><td colspan="2">5.7</td><td colspan="2">到达时间</td><td colspan="3">2017-2-17 16:00</td></tr>
<tr><td>序号</td><td>运单号</td><td>发货人</td><td>发货地址</td><td>货物名称</td><td>包装材料</td><td>收货人</td><td>件数（件）</td><td>重量（KG）</td><td>体积（M³）</td><td>备注</td></tr>
<tr><td>1</td><td>XL2017021601</td><td>厦门阳光贸易有限公司</td><td>福建省厦门市嘉禾路 555 号</td><td>维生素 D3</td><td>纸箱</td><td>厦门高崎国际机场1号仓库</td><td>100</td><td>600</td><td>3</td><td></td></tr>
<tr><td>2</td><td>XL2017021602</td><td>厦门百灵软件技术有限公司</td><td>厦门市火炬高新区信息光电园岐山北二路 999 号</td><td>二极管</td><td>木箱</td><td>厦门高崎国际机场1号仓库</td><td>90</td><td>1152</td><td>2.7</td><td></td></tr>
<tr><td></td><td></td><td></td><td></td><td></td><td></td><td></td><td></td><td></td><td></td><td></td></tr>
<tr><td></td><td></td><td></td><td></td><td></td><td></td><td></td><td></td><td></td><td></td><td></td></tr>
<tr><td>用货说明</td><td colspan="10"></td></tr>
</table>

填表人：赵明明　　　　　　填表时间：2017 年 2 月 16 日

图 3-5　填写完成的《集货单》

步骤三：填制《货物运输交接单》

赵明明通过查阅相关资料，了解到《货物运输交接单》中各项内容及其含义如下。

1. 编号、车牌号、核载、车容

这四栏分别填写《货物运输交接单》的编号、运输班车的车牌号、核载重量及车辆容积。

2. 发车时间、预达时间

这两栏分别填写实际货物装车出发时间、预计货物到达目的站的时间。

3. 始发站、目的站

这两栏分别填写始发站和目的站的城市名称。

4. 车辆性质

该栏填写车辆类别。

5. 托运货物信息

托运货物信息包括运单号、客户名称、包装方式、货物名称、件数、总体积、总重量、备注。

6. 封号

该栏填写车辆封号。

7. 发站调度员、发货人、司机、到站调度员

这四栏分别填写发站调度员、发货人、司机、到站调度员的姓名。

8. 制单人和制单日期

此处分别填写初次填写单据的工作人员（一般为发站处场站调度人员）及制单日期。

9. 发站记事

由发站调度员根据班车施封情况和随车设备填写并签字确认。

10. 到站记事

由到站调度员根据班车到站施封情况、实际到达时间、到货验收情况核实填写。

在整理完上述信息后，赵明明填写完成的《货物运输交接单》如图 3-6 所示。

货物运输交接单

编号：YSJJD2017021701								
始发站	厦门		车牌号	闽 D48569	核载（T）	3	发车时间	2017-2-17 15:00
目的站	厦门		车辆性质	分供方	车容（M³）	12	预达时间	2017-2-17 16:00
序号	运单号	客户名称	包装方式	货物名称	件数（件）	总体积（M³）	总重量（KG）	备注
1	XL2017021601	厦门阳光贸易有限公司	纸箱	维生素 D3	100	3	600	
2	XL2017021602	厦门百灵软件技术有限公司	木箱	二极管	90	2.7	1152	
合计					190	5.7	1752	

发站记事	施封	封锁 1 枚	封号：FH001	随车设备		发站调度员	发货人	司机	到站调度员
到站记事	施封	封锁　　枚	封号：	到达时间					
	收货及货损描述					赵明明	李建	张飞	张梅

制单人：赵明明　　　　制单时间：2017 年 2 月 16 日

图 3-6　填写完成的《货物运输交接单》

任务评价

通过学习上述任务，教师组织三方评价，并对学生任务的执行情况进行点评。请学生扫描以下二维码，完成任务评价表的填写。

任务三 航空运单填制（航空运单）

任务环节

空运出口共要经过 6 个流程环节，具体流程如图 3-7 所示。欢迎进入任务三，制作《航空运单》。

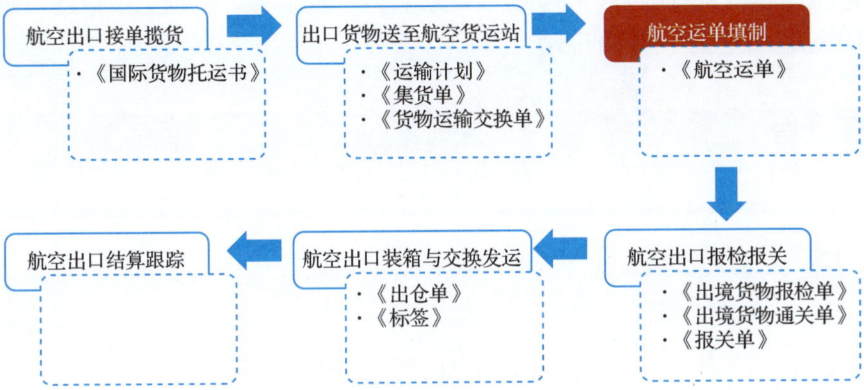

图 3-7 空运出口流程

任务目标

知识目标	（1）了解《航空运单》的含义； （2）了解《航空运单》的性质和作用； （3）掌握《航空运单》的分类方法； （4）掌握《航空运单》的填制要点
技能目标	（1）能够根据已有资料快速提取信息要点； （2）能够按照业务要求，将提取的要点准确填入《航空运单》
素养目标	（1）具备良好的沟通能力； （2）具有良好的团队合作精神； （3）具备一定的风险防范意识和良好的专业规范行为

任务展示

厦门阳光贸易有限公司委托厦门翔龙国际物流有限公司出口 100 箱（纸箱规格为 50CM×30CM×20CM）维生素 D3 到南非开普敦。厦门阳光贸易有限公司的单证员蒋蕾将填制好的《国际货物托运书》发送给厦门翔龙国际物流有限公司，并提供了相关信息。

补充信息：ROUTING: XMN-CPT BY CZ377/27 FEB

发货人不要求声明运输价值，无海关声明价值，所有费用采用全部预付，交承运人的其他费用按重量收取，每千克 1 元，签发 3 份航空正本运单。航空运费表见表 3-5。《国际货物托运书》如图 3-2 所示。

表 3-5　航空运费表（节选）

XIAMEN Y.RENMINBI	CN CNY		XMN KGS
CAPE DOWN	ZA	M	230.00
		N	38.00
		45	29.00
		300	27.00
		500	25.50
		700	23.00

厦门翔龙国际物流有限公司王明负责此次货运代理业务。根据上述信息和所掌握的资料，由王明完成《航空运单》的制作。

任务准备

扫一扫

请扫描以下二维码，了解航空运单填制的相关知识。

任务执行

步骤一：准备《航空运单》相关资料

《航空运单》包含的信息有托运人姓名和地址、收货人姓名和地址、货运代理人的姓名和城市、有关财务的说明事项、始发站和要求路径、目的港、货币、航班号 / 日期、供运输用声明价值、供海关用声明价值、货物件数、毛重、运价种类、计费重量、费率和总运费等。

通过查阅相关资料，王明掌握了上述所需的信息，并将填写《航空运单》时需要的信息逐一标出，以待后续使用时可以快速找到。

步骤二：认识《航空运单》各内容及含义

若要完成《航空运单》的制作，王明就必须首先了解《航空运单》中各项内容及其含义。通过查阅相关资料，王明了解到《航空运单》中各项内容含义如下。

1. Shipper's Name and Address、Shipper's Account Number（托运人姓名和地址、托运人账号）

该栏填写托运人的全称、地址、电话及传真号码，以及托运人账号，格式为英文大写。

2. Consignee's Name and Address、Consignee's Account Number（收货人姓名和地址、收货人账号）

该栏填写收货人的全称、地址、电话及传真号，以及收货人账号，格式为英文大写。

3. Issuing Carrier's Agent Name and City（货运代理人的姓名和城市）

该栏填写货运代理人的全称、所在城市，格式为英文大写。

4. Agent's IATA Code、Account No.（代理人的国际航空运输协会代码、账号）

该栏填写货运代理人的国际航空运输协会代码及账号，格式为英文大写。

5. Accounting Information（有关财务说明事项）

该栏填写付款方式（现金、支票、旅费证）；运费支付方式，如预付（FREIGHT PREPAID）或到付（FREIGHT COLLECT）。如果货物到目的地无法交付而被退运时，则填写原运单号至新运单的该栏；货物飞离后运费更改的，则填写更改通知单单号。例如，本任务的《国际货物运单》中运费为PP，这说明运费为预付，所以该栏应填写“FREIGHT PREPAID”。

6. Airport of Departure (Addr. of First Carrier) and Requested Routing（始发站和要求路径）

该栏填写始发机场的英文大写名称，如果机场名称不明确，则可填写城市的大写英文全称。

7. To（至第一承运人）

该栏填写目的站机场或第一个转运点的机场三字代号。

8. By First Carrier（由第一承运人）

该栏填写第一个承运人的名称或机场两字代号。

9. Airport of Destination（目的港）

该栏填写最终目的地机场大写英文名称或机场三字代码，卸货港机场代码必须与托运单上目的港机场代码一致。如果机场名称不明确，则可填写城市的大写英文全称。当一个城市名属于多个地区时，最好加上所属州的两位大写英文简称。

10. Requested Flight/Date（航班号/日期）

该栏分别填写承运飞往最后目的地机场的航班号及日期。

11. Currency（货币）

该栏填写始发站所在国家的货币 ISO 三字代码。

12. CHGS Code（费用代码）

该栏填写支付货物费用的费用代码。

13. WT/VAL（航空运费 / 声明价值）

该栏填写货物支付运费与声明价值费的情况，在 PPD 下方打“×”表示预付，在 COLL 下方打“×”表示到付。

14. OTHER（其他费用）

该栏填写其他费用的支付情况，在 PPD 下方打“×”表示预付，在 COLL 下方打“×”表示到付。

15. Declared Value for Carriage（供运输用声明价值）

该栏填写托运人向承运人声明的货物价值。若托运人不声明此项价值，则必须填写 NVD（NO VALUE DECLEARED）。

16. Declared Value for Customs（供海关用声明价值）

该栏填写托运人向海关申报的货物价值。若托运人不声明此项价值，则必须填写 NCV（NO COMMERCIAL VALUE）。

17. Amount of Insurance（保险价值）

该栏填写货物的投保金额，货币格式为大写英文简称。如无保险信息，则该栏不填。

18. Handling Information（备注）

该栏填写备注信息。例如，注明非木质包装，THIS SHIPMENT DOES NOT CONTAIN SOLID WOOD PACKING MATERIALS。如无备注信息，则该栏不填。

19. No. of Pieces RCP（货物件数）

该栏填写货物的最大外包装件数，无须加包装种类。

20.Gross Weight（毛重）

该栏填写货物的总毛重值。

21.KG/lb （千克或磅）

该栏填写货物的重量单位，若单位为千克则填“K”，若单位为磅则填“L”。

22.Rate Class（运价种类）

该栏填写采用的货物运价种类的代号，最低运价填“M”，45 千克以下普通货物填“N”，45 千克以上普通货物填“Q”，指定商品运价填“C”。例如，本任务中的信息表明实际毛重为 600 千克，此批货物属于 45 千克以上的普通货物，所以该栏应填“Q”。

23.Commodity Item NO.（商品项号）

该栏填写商品的项号。

24.Chargeable Weight（计费重量）

该栏填写计收航空运费的货物重量数值。当货物为重货时，计费重量为货物的实际毛重；当货物为轻泡货时，计费重量为货物的体积重量；当货物临近重量分界点时，以较高重量、较低运价的种类为准。在任务中，货物的实际重量为600千克，体积为$50\times30\times20\times100\times10^{-6}=3.0M^3$，所以可以计算出体积重量为$3.0\times10^6\div6000=500$千克，体积重量小于实际重量，所以计费重量为实际重量，因此该栏应填600。

25.Rate/ Charge（费率）

该栏填写货物适用的运费单价。在本任务中，通过航空运费表（见表3-7）可知，重量范围在500～700千克，费率为25.50元/千克，所以该栏应填25.50。

26.Total（总运费）

该栏填写总运费数值，总运费等于"货物计费重量×费率"。在本任务中，货物计费重量为600千克，费率为25.5元/千克，普通运价运费为600×25.5=15 300.00元，通过航空运费表可知，优惠费用为700×23.00=16 100.00元，因为优惠费用大于普通运价费用，所以总运费为15 300.00元，该栏应填15 300.00。

27.Nature and Quantity of Goods（货物品名和数量）

该栏填写货物的具体名称和数量，格式为

"品名英文大写

单件货物的尺寸信息×件数数值

总体积信息"

例如，

WOMEN CLOUTHES

50CM×40CM×30CM×2

0.12CBM

28.Prepaid（Weight Charge/ Valuation Charge/ Tax/ Total Other Charges Due Agent/ Total Other Charges Due Carrier/ Total Pnepaid）

这些信息分别填写预付费用、从价运费、税费、其他代理总费用、其他承运总费用、所有费用总计数额。

29.Collect（Weight Charge/ Valuation Charge/ Tax/ Total Other Charges Due Agent/ Total Other Charges Due Carrier/ Total Collect）

填写到付费用的重量、从价运费、税费、其他代理总费用、其他承运总费用、所有费用总计数额。本任务采用预付方式，所以有些内容不填。

30.Executed on（date）/ at（place）（签单日期/地点）

此处分别填写托运人填写货运单的日期和地点。

综合上述信息后，王明填写完成的《航空运单》如图3-8所示。

Shipper's Name and Address	Shipper's Account Number	Not Negotiable Air Waybill Issued by
XIAMEN SUNNY TRADING CO.,LTD. NO.555 XIAHE ROAD, XIAMEN CITY, FUJIAN,CHINA		Copies 1,2 and 3 of this Air Waybill are originals and have the same validity.
Consignee's Name and Address	Consignee's Account Number	It is agreed that the goods described herein are accepted in apparent good order and condition(except as noted) for carriage SUBJECT TO THE CONDITIONS OF CONTRACT ON THE REVERSE HEREOF. ALL GOODS MAY BE CARRIED BY ANY OTHER MEANS INCLUDING ROAD OR ANY OTHER CARRIER UNLESS SPECIFIC CONTRARY INSTRUCTIONS ARE GIVEN HEREON BY THE SHIPPER, AND SHIPPER AGREES THAT THE SHIPMENT MAY BE CARRIED VIA INTERMEDIATE STOPPING PLACES WHICH THE CARRIER DEEMS APPROPRIATE. THE SHIPPER'S ATTENTION IS DRAWN TO THE NOTICE CONCERNING CARRIER'S LIMITATION OF LIABILITY. Shipper may increase such limitation of liability by declaring a higher value for carriage and paying a supplemental charge if required.
PEOPLES SPORTING GOODS & MDSG. CORP. NO.3-668 MULA BUILDING,CAPE DOWN,SOUTH AFRICA		
Issuing Carrier's Agent Name and City		
XIAMEN XIANGLONG LOGISTICS CO.,LTD.		Accounting Information
Agent's IATA Code	Account No.	FREIGHT PREPAID
Airport of Departure (Addr. of First Carrier) and Requested Routing		
XIAMEN CITY，FUJIAN,CHIN		

To	Routing and Destination: By First Carrier	to	by	to	by	Currency	CHGS Code	WT/VAL PPD	WT/VAL COLL	OTHER PPD	OTHER COLL	Declared Value for Carriage	Declared Value for Customs
CPT	CZ					CNY		×		×		NVD	NCV

Airport of Destination	Requested Flight/Date		Amount of Insurance	INSURANCE - if carrier offers insurance and such insurance is requested in accordance with the conditions thereof, indicate amount to be insured in figures in box marked Amount of Insurance
CAPE DOWN, SOUTH FRICA	CZ377	27FEB		

Handling Information

No.of Pieces RCP	Gross Weight	KG /1b	Rate Class	Commodity Item NO.	Chargeable Weight	Rate/ Charge	Total	Nature and Quantity of Goods (incl. Dimensions or Volume)
100	600	K	Q		600	25.50	15300.00	VITAMIN D3 50CM×30CM×20CM×100 3.0CBM

Prepaid	Weight Charge	Collect	Other Charges
15300.00			
Valuation Charge			
Tax			

图 3-8 填写完成的《航空运单》

		Shipper certifies that the particulars on the face hereof are correct and that insofar as any part of the consignment contains dangerous goods, such part is properly described by name and is in proper condition for carriage by air according to the applicable Dangerous Goods Regulations.		
Total Other Charges Due Agent				
Total Other Charges Due Carrier				
600				
		Signature of Shipper or his Agent		
Total Prepaid	Total Collect			
15900.00				
Currency Conversion Rates	CC Charges in Dest. Currency			
		Executed on (date)	at (place)	Signature of Issuing
		2017-02-16	XIAMEN CITY, FUJIAN, CHINA	Carrier or its Agent
For Carriers Use only at Destination	Charges at Destination	Total Collect Charges		
ORIGINAL 3 (FOR CARRIER)				

图 3-8　填写完成的《航空运单》（续）

任务评价

通过学习上述任务，教师组织三方评价，并针对学生任务的执行情况进行点评。请学生扫描以下二维码，完成任务评价表的填写。

任务四 航空出口报检报关（出境货物报检单、出境货物通关单、报关单）

任务环节

空运出口共要经过6个流程环节，具体流程如图3-9所示。欢迎进入任务四，了解航空出口报检报关的相关单证。

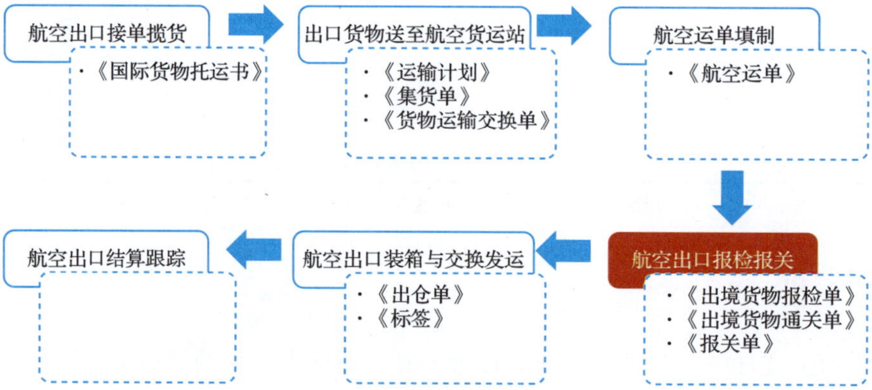

图3-9　空运出口流程

任务目标

知识目标	（1）了解《出境货物报检单》《出境货物通关单》《报关单》的作用； （2）了解《出境货物报检单》《出境货物通关单》《报关单》的内容； （3）掌握《出境货物报检单》《出境货物通关单》《报关单》的填制要点
技能目标	（1）能够根据已有资料快速提取信息要点； （2）能够按照业务要求，将提取的要点准确填入《出境货物报检单》《出境货物通关单》《报关单》
素养目标	（1）具备良好的沟通能力； （2）具有良好的团队合作精神； （3）具备一定的风险防范意识和良好的专业规范行为

任务展示

厦门阳光贸易有限公司（海关注册编码：3312960857）与PEOPLES SPORTING GOODS & MDSG. CORP.就厦门阳光贸易有限公司经营的维生素D3达成出口交易，并签订销售合同（合同编号为13R0633）。厦门阳光贸易有限公司委托厦门翔龙国际物流有限公司（报检单位注册登记号为52304125596）出口100箱（纸箱规格为

50CM×30CM×20CM）维生素 D3 到南非开普敦。2017 年 2 月 18 日，厦门阳光贸易有限公司的业务员刘晓红将该批出口维生素 D3 的《代理报检委托书》及货物的相关单证发给厦门翔龙国际物流有限公司的操作员李芳芳（联系电话：0592-573××××），要求厦门翔龙国际物流有限公司操作员尽快办理该批货物的出口报检报关手续。李芳芳开始填制《出境货物报检单》《出境货物通关单》《报关单》，并负责货物通关事宜，预定 CZ377/124 舱位，准备于 2017 年 2 月 27 日发货。厦门翔龙国际物流有限公司于 2017 年 2 月 18 日向商检部门申报办理报检业务，贸易方式为一般贸易。厦门阳光贸易有限公司提交随附单据包括《合同》《发票》《装箱单》。

出口方：XIAMEN SUNNY TRADING CO., LTD.

出口方地址： NO.555 XIAHE ROAD, XIAMEN CITY，FUJIAN,CHINA

进口方：PEOPLES SPORTING GOODS & MDSG. CORP.

进口方地址：NO.3-668 MULA BUILDING, CAPE TOWN, SOUTH AFRICA

代理人：XIAMEN XIANGLONG LOGISTICS CO.,LTD.

货物信息如表 3-6 所示。

表 3-6　货物信息

件数 NO.OF PACKAGES	100CARTONS
实际毛重 ACTUAL GROSS WEIGHT(KG)	600KGS
货物品名及数量 NATURE AND QUANTITY OF GOODS	VITAMIN D3
体积或尺寸 DIMENSION OF VOLUME	3.0CBM
标记 MARKS	COUNTRY OF ORIGIN:CHINA

补充信息如下。

货物包装方式：纸箱。

H.S. 编码：2936290090。

货物产地：福建厦门。

货物总值：352 000.00 美元（单价为 150.00 美元）。

征免性质：一般征税。

成交方式：CIF。

总运费：15 900.00 元人民币。

李芳芳完成报检业务后，于 2017 年 2 月 20 日向厦门海关（关区代码 3701）申报出口维生素 D3 一批，发货单位与经营单位相同，生产厂家为厦门宏辉药业有限公司（3317861472）。该批货物的征减免税方式为照章征税。

根据以上信息，李芳芳完成《出境货物报检单》《出境货物通关单》《中华人民共和国出口货物报关单》（以下简称《报关单》）的填制。

任务准备

扫一扫

请扫描以下二维码，了解航空出口报检报关的相关知识。

任务执行

步骤一：认识并填制《出境货物报检单》

李芳芳通过分析厦门阳光贸易有限公司发来的《合同》《发票》和《装箱单》，梳理并填制《出境货物报检单》需要的信息。通过查阅相关资料，了解到《出境货物报检单》中各项内容及其含义如下。

1. 报检单位

该栏填写报检单位的中文全称并加盖单位公章。

2. 报检单位登记号

该栏填写报检单位在检验检疫机构备案或注册登记的代码。

3. 联系人

该栏填写报检人员的中文姓名。

4. 电话

该栏填写报检人员的联系电话号码。

5. 报检日期

该栏填写检验检疫机构受理报检的日期，格式为年、月、日。

6. 发货人（中文 / 外文）

该栏填写外贸合同中出口商的中 / 英文名称全称，英文名称格式为英文大写。

7. 收货人（中文 / 外文）

该栏填写外贸合同中进口商的中 / 英文名称全称，英文名称格式为英文大写。

8. 货物名称（中文 / 外文）

该栏填写本批货物名称及规格的中 / 英文名称全称，格式为“中文名称 / 英文（大写）名称”。如果有多个货物则应分别列出，且填写内容应与进口《合同》《发票》所列内容一致。

9. H.S. 编码

该栏填写本批货物 8 位或 10 位数商品编码，以海关公布的商品税则编码分类为准。

10. 产地

该栏填写本批货物生产 / 加工的国家或地区的中文名称。

11. 数 / 重量

该栏填写报检货物的成交数量及重量，填写内容应与《合同》《发票》或《报关单》上所列内容一致，填写格式为“数量 + 中文单位 / 重量（净重）+ 中文单位”，重量保留两位小数，如“20 纸箱 /500.00 千克”。

12. 货物总值

该栏填写货物在《合同》《发票》或《报关单》上所列的金额总值，格式为“数值 + 中文币制”，数值保留两位小数，如 3000.00 美元。

13. 包装种类及数量

该栏填写本批货物运输包装的种类及数量，需注明包装的材质，如“10 纸箱”。

14. 运输工具名称和号码

该栏填写实际装运本批货物并出境的运输工具的名称和编号，格式为“运输工具名称 / 航次号”，如“CGM CALLISO/FL742W”。报检时未能确定运输工具编号的，可只填写运输方式总称，如船舶或运输集装箱。

15. 贸易方式

该栏填写本批货物的贸易方式，根据实际情况选填一般贸易、来料加工、进料加工、易货贸易、补偿贸易、其他非贸易性物品、其他贸易性货物等。

16. 货物存放地点

该栏填写本批货物实际存放的地点，采用空运方式时不用填写。

17. 合同号

该栏填写本批货物所属的成交合同编号、订单号码。

18. 信用证号

该栏填写国外开证申请人 / 买方开列给卖方的信用证号码。

19. 用途

该栏填写本批货物的实际用途，如种用或繁殖、奶用、观赏或演艺、伴侣动物、药用、实验、饲用、食用、出口、其他等。

20. 发货日期

该栏填写装运本批货物出境的运输工具办结出境手续的日期，格式为年、月、日。

21. 输往国家（地区）

该栏填写本批货物在合同中注明的最终输往国家或地区的中文名称；对发生运输中转的货物，如中转地未发生任何商业性交易或再加工，则填写最终输往国家或地区，反之则以中转地作为输往国家或地区填报。

22. 许可证 / 审批号

该栏填写需办理进境许可证或审批的货物的许可证号或审批号，如没有则可以不填。

23. 启运地

该栏填写装运本批货物离境的运输工具的启运口岸或城市（地区）的中文名称。

24. 到达口岸

该栏填写出境货物的最终目的港的中文名称。

25. 生产单位注册号

该栏填写本批货物适用的、出入境检验检疫机构签发的卫生注册证书号或质量许可证号，如果没有则不填。

26. 集装箱规格、数量及号码

该栏填写货物所属集装箱的规格、数量及号码。例如，使用 1 个 20 英尺的普通集装箱，集装箱号为 HLCU1234567，填写格式“1×20′GP，HLCU1234567”，注意符号使用英文格式。若没有集装箱相关信息或非集装箱运输，则该栏可不填。

27. 合同、信用证订立的检验检疫条款或特殊要求

该栏填写对商检机构出具检验证书的要求，以及检验检疫条款的内容，若没有则该栏不填。

28. 标记及号码

该栏填写本批货物运输包装上的标记号码，应与《合同》《发票》等外贸单据保持一致，若没有标记号码，则填“N/M”。

29. 随附单据

该栏按实际向检验检疫机构提供的单据，在对应的“□”内打“√”。

30. 需要单证名称（划“√”或补填）

将报检单位需要检验检疫机构出具的有关证单，按该栏所列名称勾划在小方框内，并注明正、副本的份数，但最多不得超过一正二副。特殊情况下可填二份正本，应申明原因经检验检疫机关同意后方可出具，亦可补填所需的检验检疫机关可以出具的相关证单名称。

31. 报检人郑重声明

报检员在认真阅读该栏后郑重签名，以承担相应的法律责任。

32. 领取证单

报检员在领取检验检疫机关所发相关证单时，在该栏签署领证日期并签名。

在整理完上述信息后，李芳芳填写完成的《出境货物报检单》如图 3-10 所示。

中华人民共和国出入境检验检疫

出境货物报检单

报检单位（加盖公章）	厦门翔龙国际物流有限公司					*编　号	
报检单位登记号	52304125596	联系人	李芳芳	电话	0592-573××××	报检日期	2017年2月18日

发货人	（中文）	厦门阳光贸易有限公司
	（外文）	XIAMEN SUNNY TRADING CO., LTD.
收货人	（中文）	
	（外文）	PEOPLES SPORTING GOODS & MDSG. CORP.

货物名称（中文/外文）	H.S. 编码	产地	数/重量	货物总值	包装种类及数量
维生素 D3 VITAMIN D3	2936290090	福建厦门	100纸箱/600.00千克	352000.00美元	100纸箱

运输工具名称和号码	CZ377/124	贸易方式	一般贸易	货物存放地点	
合同号	13R0633	信用证号		用途	出口
发货日期	2017-02-27	输往国家（地区）	南非	许可证/审批号	
启运地	厦门	到达口岸	开普敦	生产单位注册号	
集装箱规格、数量及号码					

合同、信用证订立的检验检疫条款或特殊要求	标记及号码	随附单据（划"√"或补填）	
	COUNTRY OF ORIGIN:CHINA	☑合同	☐包装性能结果单
		☐信用证	☐许可/审批文件
		☑发票	☐报检委托书
		☐换证凭单	☐其他
		☑装箱单	
		☐厂检单	

需要证单名称（划"√"或补填）		*检验检疫费	
☐品质证书　__ 正 __ 副	☐植物检疫证书　__ 正 _ 副	总金额（人民币元）	
☐重量证书　__ 正 __ 副	☐熏蒸/消毒证书　__ 正 _ 副		
☐数量证书　__ 正 __ 副	☐出境货物换证凭单		
☐兽医卫生证书　__ 正 __ 副			
☐健康证书　__ 正 __ 副			
☐卫生证书　__ 正 __ 副		计费人	
☐动物卫生证书　__ 正 __ 副		收费人	

报检人郑重声明：		领取证单	
1. 本人被授权报检。			
2. 上列填写内容正确属实，货物无伪造或冒用他人的厂名、标志、认证标志，并承担货物质量责任。		日期	
签名	李芳芳	签名	

注：有"*"号栏由出入境检验检疫机关填写　　◆国家出入境检验检疫局制

图 3-10　填写完成的《出境货物报检单》

步骤二：认识并填制《出境货物通关单》

要完成《出境货物通关单》的制作，李芳芳必须首先了解《出境货物通关单》上的各项内容及其含义，通过查阅相关资料，了解到《出境货物通关单》各项内容及其含义如下。

1. 发货人

该栏填写本批出境货物的贸易合同中或信用证中受益人名称。

2. 收货人

该栏填写本批出境货物的贸易合同中或信用证中买方名称。

3. 合同 / 信用证号

该栏填写出口贸易合同的号码或信用证号码。

4. 输往国家或地区

该栏填写出口贸易合同中买方所在国家或地区，或者合同中注明的最终输往国家或地区。

5. 标记及号码

该栏填写货物的标记号码，如果没有标记号码，则填写“N/M”。

6. 运输工具名称及号码

该栏填写货物实际装载的运输工具类别名称（如船、飞机、货柜车、火车等）及运输工具编号（如船名、飞机航班号、车牌号码、火车车次）。报检时，未能确定运输工具编号的，可只填写运输工具类别。

7. 发货日期

该栏填写货物实际装上运输工具的日期。

8. 集装箱规格及数量

该栏填写装载本批货物的集装箱规格（如 40 英尺、20 英尺等），以及分别对应的数量。

9. 货物名称及规格

该栏按出口贸易合同或《发票》所列货物名称及各种规格填写。

10. H.S. 编码

H.S. 编码指货物对应的海关商品代码，为 8 位数字或 10 位数字。

11. 申报总值

该栏填写货物的总值及币种，应与出口贸易合同及《发票》上的货物总值保持一致。

12. 数 / 重量、包装数量及种类

该栏填写货物实际运输包装的数量、重量、包装数量及包装种类。

13. 证明

该栏填写发货人证明本批货物已经报检 / 申报，请海关予以放行，并由经办人本人签名。

14. 备注

填写需要注明的其他情况。如果没有需要注明的内容，则该栏不填。

在整理完上述信息后，李芳芳填写完成的《出境货物通关单》如图 3-11 所示。

中华人民共和国出入境检验检疫
出境货物通关单

编号：

发货人			标记及号码
厦门阳光贸易有限公司			COUNTRY OF ORIGIN:CHINA
收货人			
PEOPLES SPORTING GOODS & MDSG. CORP.			
合同 / 信用证号		输往国家或地区	
13R0633		南非开普敦	
运输工具名称及号码		发货日期	集装箱规格及数量
CZ377/124		2017-2-27	
货物名称及规格	H.S. 编码	申报总值	数 / 重量、包装数量及种类
维生素 D3	2936290090	352000.00 美元	100 件 /600 千克 /100 纸箱
证明			
上述货物业经检验检疫，请海关予以放行。 本通关单有效期至： 签字：李芳芳　　日期：2017 年 2 月 18 日			
备注			

图 3-11　填写完成的《出境货物通关单》

步骤三：填制《报关单》

李芳芳通过查阅相关资料，了解到《报关单》中各项内容及其含义如下。

1. 收发货人

该栏填写在海关注册的、对外签订并执行出口贸易合同的中国境内法人、其他组织或个人的名称及编码。编码可选填 18 位法人和其他组织统一社会信用代码或 10 位海关注册编码任意一项。填写格式为“收货人中文名称（编码）”。本任务中，厦门阳光贸易有限公司对外签订并执行出口贸易合同，其海关注册编码为 3312960857，所以该栏应填写“厦门阳光贸易有限公司（3312960857）”。

2. 出口口岸

该栏填写货物实际出境的口岸海关，填报海关规定的《关区代码表》中相应口岸海关的名称及代码。填写格式为“海关中文名（四位代码）”，如“上海海关（2200）”。

3. 出口日期

该栏填写运载出口货物的运输工具办结出境手续的日期。

4. 申报日期

该栏填写海关接受出口货物收发货人或受委托的报关企业的申报数据的日期，格式为年、月、日。任务中给出的申报日期为 2017 年 2 月 20 日，所以该栏应填“2017-2-20”。

5. 生产销售单位

该栏填写出口货物在境内的生产或销售单位的名称及编码，编码可选填 18 位法人和其他组织统一社会信用代码或 10 位海关注册编码任意一项。生产销售单位包括自行从境外进（出）口货物的单位；委托进（出）口企业进（出）口货物的单位。填写格式为“生产销售单位中文名称（编码）”。

6. 运输方式

该栏应根据货物实际进出境的运输方式或货物在境内流向的类别，按照海关规定的《运输方式代码表》选择填报相应的运输方式的中文名称。

7. 运输工具名称

该栏填写实际载运货物出境的运输工具名称及编号，水路运输时的填写格式为“船舶名称 / 航次号”，如“MARY MAERSK/S001”。注意，一份《报关单》只允许填报一种运输工具名称。

8. 提运单号

该栏填写出口货物提单或运单的编号。一份《报关单》只允许填报一个提单或运单编号，一票货物对应多个提单或运单时，应分单填报。填报格式为“出口提运单号 × 分提运单号”，如主单号为 CF1307218、分运单号为 A 时，填写为“CF1307218×A”。如果没有运单号，则该栏不填。

9. 申报单位

自理报关的，该栏填报出口企业的名称及编码；委托代理报关的，该栏填报报关企业名称及编码。该栏可选填 18 位法人和其他组织统一社会信用代码或 10 位海关注册编码任意一项。填写格式为“收货人中文名称（编码）”。

10. 监管方式

该栏应根据实际对外贸易情况，按海关规定的《监管方式代码表》选择填报相应的监管方式简称及代码。一份《报关单》只允许填报一种监管方式。填写格式为“监管方式简称（监管方式代码）”，如“一般贸易（0110）”。

11. 征免性质

该栏填写海关核发的《征免税证明》中批注的征免性质，格式为“征免性质简称（征免性质代码）”，如“一般征税（101）”。注意，一份《报关单》只能填报一种征免性质。

12. 备案号

该栏填写出口货物收发货人、消费使用单位、生产销售单位在海关办理加工贸易合同备案或征、减、免税备案审批等手续时，海关核发的《加工贸易手册》《征免税证明》或其他备案审批文件的编号。注意，一份《报关单》只允许填报一个备案号。

13. 贸易国（地区）

该栏填写对外贸易中，与境内企业签订贸易合同的外方所属的国家（地区）。未发生商业性交易的，填报货物所有权拥有者所属的国家（地区）。填写格式为“国家名称（代码）”，如“德国（304）”。

14. 运抵国（地区）

该栏填写海关规定的《国别（地区）代码表》中相应的运抵国（地区）的中文名称及代码，如“美国（502）”。

不经过第三国（地区）转运的直接运输进（出）口货物，以进口货物的装货港所在国（地区）为启运国（地区），以出口货物的指运港所在国（地区）为运抵国（地区）。

经过第三国（地区）转运的进（出）口货物，如在中转国（地区）发生商业性交易，则以中转国（地区）作为启运/运抵国（地区）。

15. 指运港

该栏填写出口货物运往境外的最终目的港的中文名称及代码，如“汉堡（2110）”。

16. 境内货源地

该栏填写出口货物在国内的产地或原始发货地的中文名称及代码，如“北京（11039）”。

17. 许可证号

该栏填写以下许可证的编号：进口许可证、两用物项和技术进（出）口许可证、两用物项和技术出口许可证（定向）、纺织品临时出口许可证。注意，一份《报关单》只允许填报一个许可证号。

18. 成交方式

该栏按海关规定的《成交方式代码表》选择填报相应的成交方式代码。

19. 运费

该栏填写出口货物运至我国境内输出地点装载后的运输费用。运费标记“1”表示运费率，“2”表示每吨货物的运费单价，“3”表示运费总价。按运费率计算时，格式为“运费率数值/运费率标记”，如5%运费率填报为“5/1”；按运费单价计算时，格式为“运费货币代码/运费单价数值/运费单价标记”，如24美元/吨的运费单价填报为502/24/2；按运费总价计算时，格式为“运费货币代码/运费总价数值/运费总价代码”，如 7000 欧元的运费总价填报为 300/7000/3。本任务中，运费总价为 15900.00 元，运费货币为人民币（代码为 142），运费总价代码为 3，所以该栏应填 142/15900.00/3。

20. 保费

该栏填写出口货物运至我国境内输出地点装载后的保险费用。保费标记“1”表示保费率，“3”表示保费总价。按保费率计算时，直接填写保费率数值，如 3‰的保险费率填报为 0.3（保费率标记免填）；按保费总价计算时，格式为“保费货币代码 / 保费总价数值 / 保费总价标记”，如 1000 元保费总价填报为 142/1000/3。保费运费合并计算的，该栏免填。

21. 杂费

该栏填写除成交价格外，应计入完税价格或应从完税价格中扣除的费用，可选择杂费总价或杂费率两种方式之一填报。杂费标记“1”表示杂费率，“3”表示杂费总价。例如，应计入完税价格的 1.5% 的杂费率填报为 1.5（杂费率标记免填），应从完税价格中扣除 1% 回扣率填报为 -1（杂费率标记免填），应计入完税价格的 500 英镑总价填报为 303/500/3。

22. 合同协议号

该栏填报出口货物合同（包括协议或订单）编号。未发生商业性交易的免予填报。

23. 件数

该栏填写有外包装的出口货物的实际件数，该栏不得填报为零，裸装货物填报为“1”。

24. 包装种类

该栏根据出口货物的实际外包装种类，按海关规定的《包装种类代码表》选择填报相应的包装种类的中文名称，如纸箱、木箱、桶、包或其他。

25. 毛重（千克）

该栏填写出口货物的实际毛重，不足 1 千克的填报为“1”。

26. 净重（千克）

该栏填写出口货物的实际净重，不足 1 千克的填报为“1”。

27. 集装箱号

该栏填写实际装载出口货物（包括拼箱货）的集装箱箱体信息，格式为“集装箱号 / 规格 / 自重”，如“TBXU3605231/20/2280”，表示 1 个标准集装箱。在多于 1 个集装箱的情况下，其余集装箱以相同的格式填写在“标记唛码及备注”栏中，非集装箱货物填写“0”。

28. 随附单证

该栏根据海关规定的《监管证件代码表》选择填写除本规范第十八条规定的许可证件外的其他进出口许可证件或监管证件代码及编号。填写格式为“证件代码 : 证件编码”，如《出境货物通关单》填写为“B:311090204038739000”。

29. 标记麦唛及备注

该栏填写运输标志上除图形外的文字、数字，以及报关时需要补充和说明的特殊事项，包括受外商投资企业委托代理出口投资设备或物品的出口企业名称、关税备案号、关联报关单号、多个监管证件信息、多个集装箱信息等。

30. 项号

该栏分两行填写及打印。第一行填写报关单中的商品顺序编号；第二行专用于加工贸易、减免税等已备案、审批的货物，填报和打印该项货物在《加工贸易手册》或《征免税证明》等备案、审批单证中的顺序编号。

31. 商品编号

该栏填写的商品编号由10位数字组成，前8位为《中华人民共和国进出口税则》确定的进（出）口货物的税则号列，同时也是《中华人民共和国海关统计商品目录》确定的商品编码，后2位为符合海关监管要求的附加编号。

32. 商品名称、规格型号

该栏分两行填写，第一行填写出口货物规范的中文名称，第二行填写规格型号，如果没有可为空。

33. 数量及单位

该栏填写出口商品的成交数量及计量单位。该栏分三行填报，第一行填写第一法定计量单位及数量；第二行填写第二法定计量单位及数量，如果没有可为空；当成交计量单位与海关法定计量单位一致时，第三行为空，否则需在第三行中补充填写。

34. 原产国（地区）

该栏应依据《中华人民共和国进出口货物原产地条例》《中华人民共和国海关关于执行〈非优惠原产地规则中实质性改变标准〉的规定》，以及海关总署关于各项优惠贸易协定原产地管理规章规定的原产地确定标准填写。同一批出口货物的原产地不同的，应分别填报原产国（地区）。出口货物原产国（地区）无法确定的，填报“国别不详”（代码701）。

35. 单价

该栏填写出口货物的实际成交单位价格，保留2位小数。

36. 总价

该栏填写出口货物的实际成交总价，保留2位小数。

37. 币制

该栏填写货物实际成交价格的计价货币的名称，选择货币代码、中文名称、货币符号其中一种填报即可。

38. 征免

该栏按照海关核发的《征免税证明》或有关政策规定，填写《报关单》中所列每项商品符合海关规定的征减免税方式，包括照章征税、折半征税、全免、特案、随征免性质、保证金、保函、折半补税、全额退税。

39. 特殊关系确认

该栏根据《中华人民共和国海关审定进出口货物完税价格办法》（以下简称《审价办法》）第十六条，填写确认在出口行为中买卖双方是否存在特殊关系，有下列情形之一的，应当认为买卖双方存在特殊关系，并在该栏目填写“是”，反之填写“否”：（一）买卖双方为同一家族成员的；（二）买卖双方互为商业上的高级职员或董事的；（三）一方直接或间接地受另一方控制的；（四）买卖双方都直接或间接受第三方控制的；（五）买卖双方共同直接或间接控制第三方的；（六）一方直接或间接拥有、控制或有对方 5% 以上（含 5%）公开发行的有表决权的股票或股份的；（七）一方是另一方的雇员、高级职员或董事的；（八）买卖双方是同一合伙的成员的，同时，买卖双方在经营上相互有联系，一方是另一方的独家代理、独家经销或者独家受让人。如果符合以上条款的规定，也应视为存在特殊关系。未涉及则不填写该栏。

40. 价格影响确认

该栏根据《审价办法》第十七条，填写确认在出口行为中买卖双方存在的特殊关系是否影响成交价格，如果纳税义务人能够证明其成交价格与同时或大约同时发生的下列任何一款价格相近的，则应视为特殊关系未对出口货物的成交价格产生影响，并在该栏目中填写"否"，反之填写"是"：（一）向境内无特殊关系的买方出售的相同或类似进口货物的成交价格；（二）按照本办法第二十三条的规定所确定的相同或类似的进口货物的完税价格；（三）按照本办法第二十五条的规定所确定的相同或类似的进口货物的完税价格。海关在使用上述价格进行比较时，应当考虑商业水平和进口数量的不同，以及买卖双方有无特殊关系造成的费用差异。未涉及则不填写该栏。

41. 支付特许权使用费确认

特许权使用费是指出口货物的买方为取得知识产权权利人及权利人有效授权人，关于专利权、商标权、专有技术、著作权、分销权或销售权的许可或转让而支付的费用。如果出口行为中，买方存在向卖方或有关方直接或间接支付特许权使用费的，则在该栏中应填报"是"，反之则填报"否"。

在整理完上述信息后，李芳芳填写完成的《报关单》如图 3-12 所示。

中华人民共和国海关出口货物报关单

预录入编号：　　　　　　　　　　　　海关编号：

<table>
<tr><td colspan="2">收发货人
厦门阳光贸易有限公司（3312960857）</td><td colspan="2">出口口岸
厦门海关（3701）</td><td>出口日期
2017-2-27</td><td>申报日期
2017-2-20</td></tr>
<tr><td colspan="2">生产销售单位
厦门宏辉药业有限公司（3317861472）</td><td>运输方式
航空运输</td><td colspan="2">运输工具名称
CZ377/124</td><td>提运单号</td></tr>
<tr><td colspan="2">申报单位
厦门翔龙国际物流有限公司（52304125596）</td><td>监管方式
一般贸易（0110）</td><td colspan="2">征免性质
一般征税（101）</td><td>备案号</td></tr>
<tr><td>贸易国（地区）
南非（244）</td><td colspan="2">运抵国（地区）
南非（244）</td><td colspan="2">指运港
南非（244）</td><td>境内货源地
厦门（35021）</td></tr>
<tr><td>许可证号</td><td>成交方式
CIF</td><td colspan="2">运费
142/15900.00/3</td><td>保费</td><td>杂费</td></tr>
<tr><td>合同协议号
13R0633</td><td>件数
100</td><td colspan="2">包装种类
纸箱</td><td>毛重（千克）
600</td><td>净重（千克）</td></tr>
<tr><td>集装箱号</td><td colspan="5">随附单证</td></tr>
</table>

图 3-12　填写完成的《报关单》

标记唛码及备注								
COUNTRY OF ORIGIN:CHINA								
项号	商品编号	商品名称、规格型号	数量及单位	原产国（地区）	单价	总价	币制	征免
1.	2936290090	维生素 D3	600 千克	中国	150.00	352000.00	美元	照章征税
2.								
3.								
4.								
5.								
6.								
特殊关系确认：		价格影响确认：		支付特许权使用费确认：否				
录入员 录入单位		兹申明对以上内容承担如实申报、依法纳税之法律责任			海关批注及签章			
报关人员 李芳芳				申报单位（签章）厦门翔龙国际物流有限公司				

图 3-12 填写完成的《报关单》（续）

任务评价

通过学习上述任务，教师可组织三方评价，并对学生任务的执行情况进行点评。请学生扫描以下二维码，完成任务评价表的填写。

任务五 航空出口装箱与交接发运（出仓单、标签）

任务环节

空运出口共要经过6个流程环节，具体流程如图3-13所示。欢迎进入任务五，了解航空出口装箱与交接发运的相关单证。

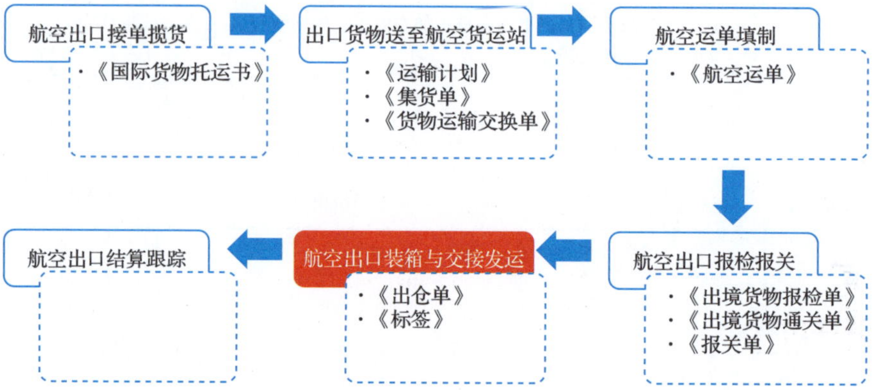

图3-13 空运出口流程

任务目标

知识目标	（1）了解《出仓单》的作用和内容； （2）了解《标签》的分类； （3）掌握《出仓单》《标签》的填制要点
技能目标	（1）能够根据已有资料快速提取信息要点； （2）能够按照业务要求，将提取的要点准确填入《出仓单》和《标签》
素养目标	（1）具备良好的沟通能力； （2）具有良好的团队合作精神； （3）具备一定的风险防范意识和良好的专业规范行为

任务展示

2017年2月17日厦门翔龙国际物流有限公司的仓库已接收到厦门阳光贸易有限公司出口到南非开普敦的维生素D3。本批货物需要装箱启运，于2017年2月27日在厦门高崎机场启运，在启运当天，厦门翔龙国际物流有限公司的操作员李斌凭借领取航空集装箱的凭证到航空公司吨控部门领取集装箱，箱号为AKE43959JL。李斌预定CZ377/124舱位，然后编制单号为131-39851394的《出仓单》，对出口的货物做出库操作，并将货物送至国际航空货运站，然后进行安检、装箱、过磅和丈量等操作，并检查货物是否符合航空运输条件，同时得到计算航空运费的计费重量。

厦门翔龙国际物流有限公司的操作员李斌检查货物的《标签》时，发现货物上未粘贴《标签》，所以李斌需重新填制《标签》，《标签》齐全后将货物和相关单据交予航空公司的地面服务公司，以便装机发运到南非开普敦。

货物信息见表 3-7。

表 3-7　货物信息

件数 NO.OF PACKAGES	100CARTONS
实际毛重 ACTUAL GROSS WEIGHT(KG)	600KGS
货物品名及数量 NATURE AND QUANTITY OF GOODS	VITAMIN D3
体积或尺寸 DIMENSION OF VOLUME	3.0CBM
标记 MARKS	COUNTRY OF ORIGIN:CHINA

李斌获得的货运单号为 784-57214603。

根据上述信息和所掌握的资料，李斌完成《出仓单》和《标签》的制作。

任务准备

扫一扫

请扫描以下二维码，了解航空出口装箱与交接发运的相关知识。

任务执行

步骤一：认识并填制《出仓单》

操作员李斌通过查阅相关资料，了解到《出仓单》中各项内容及其含义如下。

1. 单号

该栏填写《出仓单》的单号。

2. 件数

该栏填写出口货物的实际件数。

3. 重量

该栏填写出口货物的重量

4. 体积

该栏填写出口货物的体积。

5. 目的港

该栏填写出口货物运往境外的最终目的机场的代码。

6. 箱号

该栏填写集装箱箱号。

7. 入库日期

该栏填写货物到达仓库的时间。

8. 航班

该栏填写预定的航班号。

9. 航班日期

该栏填写运输货物航班起飞的日期。

在整理完上述信息后，李斌填写完成的《出仓单》如图 3-14 所示。

厦门翔龙国际物流有限公司

出仓单

单号	件数	重量（KG）	体积（M^3）	目的港	箱号	备注
131-39851394	100	600	3.0	CPT	AKE43959JL	

入库日期：2017.2.17　　航班：CZ377　　航班日期：2017.2.27

图 3-14　填制完成的《出仓单》

步骤二：认识并填制《标签》

要完成《标签》的制作，李斌必须首先了解清楚《标签》上各项内容及其含义。通过查阅相关资料，了解到《标签》各项内容及其含义如下。

1. 货运单

该栏填写本批出口货物的货运单号。

2. 件数

该栏填写出口货物的实际件数。

3. 重量

该栏填写出口货物的重量。

4. 本件重量

该栏填写本件货物的重量。

5. 始发站

该栏填写始发机场的名称或所在城市全名。

6. 目的站

该栏填写目的机场的名称。

李斌填写完成的《标签》如图 3-15 所示。

中国南方航空 CHINA SOUTHERN		
货运单 CZ AWB No. 784-57214603		
件数 PCS 100	重量 WTS（KG） 600	本件重量 WT OF THIS PC
始发站 FROM 厦门高崎机场	目的站 TO 南非开普敦	

图 3-15 填制完成的《标签》

任务评价

通过学习上述任务，教师可组织三方评价，并对学生任务的执行情况进行点评。请学生扫描以下二维码，完成任务评价表的填写。

项目四

陆运出口货代单证

任务一　《国际汽车联运货物运单》填制

任务环节

国际汽车联运又称国际公路货物联运，是指国际货物借助汽车运输，沿着公路进行跨及两个或两个以上国家或地区的移动过程，该过程可以配合船舶、火车、飞机等运输工具完成运输的全过程，是港口、车站、机场集散货物的重要手段，起着重要的衔接作用，可以实现多种运输方式联合运输，做到进出口货物运输的“门到门”服务。可以说，其他运输方式往往要依赖汽车联运来最终完成两端的运输任务。在此过程中，我们将涉及《国际汽车联运货物运单》。

欢迎进入任务一，了解《国际汽车联运货物运单》。

任务目标

知识目标	（1）了解《国际汽车联运货物运单》的作用； （2）掌握《国际汽车联运货物运单》的内容； （3）掌握《国际汽车联运货物运单》的填写要求和注意事项
技能目标	（1）能够根据已有资料快速提取信息要点； （2）能够按照业务要求，将提取的要点准确填入《国际汽车联运货物运单》
素养目标	（1）具备良好的沟通能力； （2）具有良好的团队合作精神； （3）具备一定的风险防范意识和良好的专业规范行为

任务展示

2017 年 2 月 20 日，厦门翔龙国际物流有限公司收到一票国际公路运输代理业务，操作员方明丽负责此单业务。相关信息如下。

托运单号：XL20170220001。

托运人：厦门宏辉电器有限公司。

发货地址：厦门市海沧区坪埕北路 21 号。

联系人：王丽。

联系电话：0592-573××××。

收货人：蒙古国蒙泰和集团公司。

收货地址：蒙古国乌兰巴托市 19 区。

联系人：刘建东。

联系电话：8263××××。

货物信息见表 4-1。

表 4-1　货物信息

货物编号	货物名称	数量（单位：箱）	单价体积（单位：M^3）	单件毛重（单位：KG）	包装种类
S27D590C	液晶电视	100	0.06	11	纸箱
D27E590S	电源适配器	100	0.08	15	纸箱

补充信息如下。

（1）车型：江铃中型载货车。

（2）车牌号：闽 D4871。

（3）司机：张立峰。

（4）车型 / 吨位：7.98 吨。

（5）启运日期：2017 年 2 月 27 日。

（6）最迟送达日期：2017 年 4 月 1 日。

（7）此批货物为易碎物品，注意货物装卸及运输安全，要求购买货物保险。

（8）收货人周六、周日不收货，周一到周五晚 20:00 后不收货。

（9）进 / 出口许可证号码：90138246。

（10）货物声明价值：18 万元人民币。

（11）运费：16 000 元人民币。

（12）合同编号：DD201702018011。

根据上述信息和所掌握的资料，方明丽完成《国际汽车联运货物运单》的填制。

任务准备

扫一扫

请扫描以下二维码，了解《国际汽车联运货物运单》的相关知识。

任务执行

步骤一：准备《国际汽车联运货物运单》相关资料

《国际汽车联运货物运单》包含的信息有发货人、收货人、装货地点、卸货地点、标记和号码、件数、包装种类、货物名称、体积、毛重、发货人指示、运送特殊条件、承运人意见、应付运费、承运人、到达装货日期和时间等。

通过查阅相关资料，方明丽掌握了上述所需信息，并将《国际汽车联运货物运单》中需要重要信息逐一标出，以待后续使用时可以快速找到。

步骤二：认识《国际汽车联运货物运单》各信息含义

若要完成《国际汽车联运货物运单》的制作，方明丽就必须先了解《国际汽车联运货物运单》中各项内容及其含义。通过查阅相关资料，方明丽了解到《国际汽车联运货物运单》各项内容及其含义如下。

1. 发货人

该栏填写发货人的名称、国籍、城市。

2. 收货人

该栏填写收货人的名称、国籍、城市。

3. 装货地点

该栏应依次填写本车次装载货物的国籍、城市、街道和门牌号。

4. 卸货地点

该栏应依次填写本车次卸货的国籍、城市、街道和门牌号。

5. 标记和号码

该栏填写货物包装上的标记或号码，包括除图形以外的文字、数字和字母。

6. 件数

该栏填写有外包装的货物的实际件数。

7. 包装种类

该栏填写包装的具体种类，如纸箱、木桶等，不能笼统地填写“箱”“桶”。如果用集装箱运输，则填写“集装箱”。

8. 货物名称

该栏填写完整、规范的中文商品名称，禁止使用本地方言填写，同时必须填写货物的规格或型号。货物名称及规格型号应据实填写，并与货物发票相符。

9. 体积

该栏填写货物的实际立方米数。

10. 毛重

该栏填写所载货物的总毛重。

11. 发货人指示

该栏填写进 / 出口许可证号码。

- 货物声明价值：该栏填写货物声明价值的金额，格式为“数字 + 币制”。
- 发货人随附单证：该栏填写发货人在本次运单上随附的所有单证的名称。

- 订单或合同：该栏填写本次承运货物的订单号或合同号。
- 包括运费交货点：该栏根据运输合同填写包括运费交货点，如无特殊约定，则无须填写。
- 不包括运费交货点：该栏根据运输合同填写不包括运费的交货点，如无特殊约定，则无须填写。

12. 运送特殊条件

该栏填写托运人要求的特殊运送条件，包括鲜活货物运输、危险货物运输、超长货物运输、超限超重货物运输和军事运输等。

13. 承运人意见

该栏如实填写承运人在接收货物时的外包装情况，如全部货物外包装完好等。

14. 应付运费 / 发货人 / 运费 / 币种 / 收货人

该栏填写应付运费的价值，并用大写英文字母填写发货人币种，如 USD、CNY 等。收货人栏填写实际收货人的完整名称。

15. 承运人

该栏填写承运人的完整名称。

16. 到达卸货日期和时间

该栏填写车辆到达卸货地点的日期和具体时间。

17. 收到本运单货物日期

该栏填写收货人收到本批货物的日期和具体时间。

18. 离去时间

该栏填写车辆卸货完毕离开卸货地点的具体时间。

19. 海关机构记载

该栏由海关填写，其他人不得私自填写。

20. 收货人可能提出的意见

该栏填写收货人对货物运输的意见。

21. 汽车信息

该栏填写货物运输车辆的车牌号、拖挂车号、司机姓名和路单号，没有的信息可以不填。

22. 过境

该栏填写过境国家的名称。

- 收货人：该栏填写收货人的名称。
- 运输里程共计：该栏填写总运输里程，单位为千米。

步骤三：填制《国际汽车联运货物运单》

综合上述信息后，方明丽填写完成的《国际汽车联运货物运单》如图 4-1 所示。

国际汽车联运货物运单
INTERNATIONAL INTERMODAL FREIGHT BILL

1. 发货人 Exporter__ 厦门宏辉电器有限公司 __ 国籍 Nationality __ 中国 __ 市 City _厦门 __	2. 收货人 Consignee___ 蒙古国蒙泰和集团公司 __ 国籍 Nationality _ 蒙古 _ 市 City _ 乌兰巴托 _
3. 装货地点 Place of loading 国籍 Nationality _ 中国 __ 市 City __ 厦门 __ 街 Street 海沧区坪埕北路 ____№____21____	4. 卸货地点 Place of discharge 国籍 Nationality __ 蒙古国 __ 市 City _ 乌兰巴托_ 街 Street _19 区 __

5. 标记和号码 Marks & No.s	6. 件数 Number	7. 包装种类 Kind of Packages	8. 货物名称 Description of goods	9. 体积（立方米） Meas. (M^3)	10. 毛重（千克） G.W.（KG）
S27D590C	100	纸箱	液晶电视	6	1100
D27E590S	100	纸箱	电源适配器	8	1500

11. 发货人指示 Shipper's instructions ___90138246___________
进 / 出口许可证 从 在 海关
Import/export license__________From__________In__________Customs
货物声明价值____18 万元____________
Declared value of goods
发货人随附单证________________________________
Documents attached by shipper
订单或合同
Order or Contract_________DD201702018011_______________
其他指示 （看背面）
（back）
Other ____________________

包括运费交货点__________
Including freight delivery point
不包括运费交货 __________
Excluding freight delivery

12. 运送特殊条件 Special delivery conditions___________
__________易碎物品____________________
（也请看背面 Look at the back，please）

13. 承运人意见 Carrier's opinion__________
____
(也请看背面 Look at the back，please)

15. 承运人 Carrier
厦门翔龙国际物流有限公司

14. 应付运费 Freight payable

□发货人 Exporter		□收货人 Consignee
运费 Freight	币种 Currency	
16000	CNY	蒙古国蒙泰和集团公司
共计 Total		

图 4-1 填写完成的《国际汽车联运货物运单》

编制日期 Date of establishment________ 到达装货 时 分 16. Arrival loading ____h_____min 离去 时 分 Leave loading ____h_____min 发货人签字盖章 承运人签字盖章 Signature（Exporter） Signature （Carrier）	17. 收到本运单货物日期 Date of receipt of this bill ________ 到达卸货 时 分 18.discharge ____h_____min 离去 时 分 Leave loading ____h_____min 收货人 签字盖章 Signature（Exporter）
19. 海关机构记载 Records of customs agencies	收货人可能提出的意见（看背面） 20.Possible comments from consignee (back)
	21. 汽车号 闽 D4871 Car number 拖挂车号 Trailer number 司机姓名 张立峰 Driver's name 路单号 _______________Waybill number
	22. 运输里程 Transport mileage(km) ______________ 过境 ______ ______Transit 收货人境内 Consignee's territory 蒙古国蒙泰和集团公司 共计 Total

图 4-1 填写完成的《国际汽车联运货物运单》（续）

任务评价

通过学习上述任务，教师可组织三方评价，并针对学生任务的执行情况进行点评。请学生扫描以下二维码，完成任务评价表的填写。

任务二 《国际铁路联运单》填制

任务环节

国际铁路货物联运是指在两个或两个以上国家铁路运送中，使用一份运送单据，并以连带责任办理货物的全程运送，在异国铁路向另一国铁路移交货物时，无须发货方、收货方参加。铁路当局对全程运输负连带责任。

欢迎进入任务二，了解在国际铁路货物联运中起到至关重要的这份运送单据——《国际铁路联运单》。

任务目标

知识目标	（1）了解《国际铁路联运单》的含义； （2）了解《国际铁路联运单》的内容； （3）掌握《国际铁路联运单》的填写要点
技能目标	（1）能够根据已有资料快速提取信息要点； （2）能够按照业务要求，将提取的要点准确填入《国际铁路联运单》
素养目标	（1）具备良好的沟通能力； （2）具有良好的团队合作精神； （3）具备一定的风险防范意识和良好的专业规范行为

任务展示

2017 年 2 月 27 日，厦门汇源进出口公司有一批货物委托当地厦门翔龙国际物流有限公司进行国际铁路联运出口业务操作，厦门翔龙国际物流有限公司委托当地铁路完成实际运输货物。货物资料如下。

卖方：XIMEN HUIYUAN IMP AND EXCP CO., LTD.
NO.61 BUBINBEI ROAD, SIMINGQU XIAMEN FUJIAN CHIAN 361012
厦门汇源进出口公司

买方：MEKONG AUTO CPRPOATION,COLOA AUTO PLANT
52 LUONG NGOC QUYEN ST,HOAN KIEM DIST
湄公汽车公司直属 COLOA 汽车厂

运输号码：FB08-0014。

合同编号：HYCL0217。

发站：XIAMEN BEI STATION（厦门北站）。

到达路和到站：SAIGON STATION。

通过的国境站：PINGXIANG-DONGDANG 凭祥 - 同登。

车辆号：7623451。
标记载重（吨）：60 吨。
记号、标记、号码：N/M。
货物：AUTO PARTS & ACCESSORIES。
包装种类：BOXES。
件数：700。
发货人确定的重量（千克）：57000.00。
声明价值：350000 元人民币。
发货人不负担过境铁路的费用。
委托中外运凭祥公司办理转关。
所属者及号码：P/TBJU98666587。
办理种别：整车。
由铁路装车，封印 1 个，记号：P14727。
公司操作员胡京根据货物信息审核单证，填写《国际铁路联运运单》。

任务准备

扫一扫

请扫描以下二维码，了解《国际铁路联运单》的相关知识。

任务执行

步骤一：准备《国际铁路联运单》相关资料

《国际铁路联运单》包含的信息有发货人、合同号码、发站、发货人的特别声明、收货人、对铁路无约束效力的记载、通过的国境站、到达路和到站、货物名称、包装种类、件数等内容。

通过查阅相关资料，胡京掌握了上述所需信息，并将《国际铁路联运单》中需要的重要信息逐一标出，以待后续使用时可以快速找到。

步骤二：认识《国际铁路联运单》各信息含义

若要完成《国际铁路联运单》的制作，胡京必须首先了解《国际铁路联运单》中各项内容及其含义，通过查阅相关资料，了解到《国际铁路联运单》各项内容及其含义如下。

1. 发货人，通信地址

该栏填写发货人名称及其通信地址。发货人只能是一个自然人或法人。由越南社会主义共和国、中华人民共和国和朝鲜民主主义人民共和国发送货物时，准许填写这些国家规定的发货人及其通信地址的代号。

2. 合同号码

如果出口单位和进口单位的合同仅有一个号码，则发货人在该栏内应填写出口单位与进口单位签订的供货合同号码。如果供货合同有两个号码（出口单位为一个号码，进口单位为另一个号码），则发货人在该栏内填写出口单位合同号码。发货人在“对铁路无效约束力的记载”栏内可填写进口单位合同号码。

3. 发站

该栏填写运价规程中所载的发站全称。由朝鲜民主主义人民共和国运送货物时，还应注明发站的数字代号。

4. 发货人的特别声明

发货人在该栏中填写自己的声明。例如，关于通过过境路绕行运送超限货物；关于用旅客列车运送货物；关于对运单的更正；关于运送不声明价格的家庭物品；关于完成海关和其他指示的声明；货物运送或交付发生阻碍时的指示；关于根据国际货协附件第 3 号第 4 条和第 9 条授权货物押运人的事项；易腐货物的运送条件。

5. 收货人，通信地址

该栏注明收货人的全部名称及其准确的通信地址。收货人只能是一个自然人或法人。必要时，发货人可指示在收货人的专用线上交货。往越南社会主义共和国、中华人民共和国和朝鲜民主主义人民共和国运送货物时，准许填写这些国家规定的收货人及其通信地址的代号。

6. 对铁路无约束效力的记载

发货人根据国际货协第 7 条第 13 项的规定，可以对该批货物做出记载，该项记载仅作为给收货人的通知，铁路不承担任何义务和责任。发货人可在该栏右上角处填写进口单位合同号码。如该栏篇幅不足，发货人也可在运单第 5 张背面第 94 栏和第 95 栏的右侧空白处记载上述内容。

7. 通过的国境站

根据国际货协第 7 条第 6 项的规定，在该栏注明货物应通过的发送国和过境国的出口国境站。如果从一个出口国境站通过邻国的几个进口国境站办理货物运送，则还应注明运送所要通过的进口国境站，根据发货人注明的通过国境站确定经由路径。

8. 到达路和到站

该栏填写格式为“到达路简称 / 到站全称”。在斜线之前，应注明到达路的简称，在斜线之后，应用印刷体字母（中文用正楷粗体字）注明运价规程上到站的全称。运往朝鲜民主主义人民共和国铁路的货物，还应注明到站的数字代号。如无到达路，则可以不写。

9. 记号、标记和号码

该栏填写每件货物上的记号、标记、号码（参照国际货协第 9 条第 3 项）。

10. 包装种类

该栏注明货物的包装种类，使用集装箱运送货物时，注明“集装箱”字样，并在下面用括号注明装入集装箱内货物的包装种类。如果货物运送时不需要容器或包装，且在托运时未加容器和包装，则应记载“无包装”。

11. 货物名称

该栏填写的货物名称应符合国际货协第 7 条第 8 项的规定。按货捆办理货物运送时，还应履行国际货协附件第 11 号第 9 条的要求。如果使用运送用具办理运送，则在货物名称下另写一行，注明运送用具名称。此外，运送由押运人押运的货物时，根据国际货协附件第 3 号第 9 条的规定，必须注明有关押运人的事项，并注明更换押运人的国境站名称。

12. 件数

该栏注明一批货件的数量。如果使用集装箱运送货物，则需注明集装箱的数量，并在下面用括号注明装入所有集装箱内的货物总件数。运送货捆货物时（参照国际货协附件第 11 号）用分数注明“货捆数目（分子）、装入货捆中的货件总数（分母）”。如果用敞车类货车运送不盖篷布或盖有篷布而未加封的货物，以及总件数超过 100 件的货物时，则注明“堆装”字样，但不注明货件数量。运送仅按重量不计件数承运的小型无包装货物时，注明“堆装”字样，不注明件数。如果使用运送用具办理运送，则在运送用具名称同一行上，根据“货物名称”栏的填写内容注明该用具的数量。

13. 发货人确定的重量（千克）

该栏注明货物的总重。用集装箱、托盘或其他运送用具运送货物时，需注明货物重量，集装箱、托盘或其他运送用具的自重和总重。

14. 共计件数（大写）

用大写填写“件数”栏中所记载的件数，以及货件数量或记载“堆装”字样，而发送集装箱货物时，则注明“件数”栏中记载的装入集装箱内的货物总件数。

15. 共计重量（大写）

用大写填写“发货人确定的重量（千克）”栏中所载的总重量。

16. 发货人签字

发货人应签字证明列入运单中的所有事项正确无误。发货人的签字也可用印刷的方法或加盖戳记办理。

17. 互换托盘

该栏内的记载事项仅与互换托盘有关，用于注明托盘互换办法（如“EUR”），并分别注明平式托盘和箱式托盘的数量。

18. 种类、类型

在发送集装箱货物时，该栏应注明集装箱种类（小吨位、中吨位、大吨位）；集装箱类型［小吨位和中吨位集装箱容积以立方米表示，大吨位集装箱，长度以 20 英尺、30 英尺或 40 英尺（6058 毫米、9125 毫米或 12192 毫米）表示］。使用运送用具时，应注明该用具的种类（如篷布、挡板）。填写全部事项时，如篇幅不足，则应根据国际货协第 7 条第 12 项的规定，添附补充清单。

19. 所属者及号码

在运送集装箱时，该栏应注明集装箱所属记号和号码。所属记号采用大写拉丁字母。使用属于铁路的运送用具时，应注明运送用具所属记号和号码（如果有此号码）。使用不属于铁路的运送用具时，应注明大写拉丁字母“P”（如果有运送用具记号和号码）。填写全部事项时，如篇幅不足，则应根据第 7 条第 12 项的规定，添附补充清单。

20. 发货人负担下列过境铁路的费用

该栏注明根据国际货协第 15 条由发货人负担过境路费用的过境路简称（见“到站路和到站”栏的说明）。如果发货人不负担任何过境路的费用，则发货人应记载“无”字样。在其“数字编码”栏内按照货物运送的先后顺序，填写发货人所指出的过境路的编码。

21. 办理种别

不需要者画线抹消。例如，本任务的办理种别是整车，所以该栏保留“整车”。

22. 由何方装车

不需要者画线抹消。例如，本任务中由铁路装车，所以该栏保留“铁路”。

23. 发货人添附的文件

该栏注明发货人在运单上添附的所有文件（进 / 出口许可证、履行海关和其他规定所需的文件、证明书、明细表、运单的补充清单等）。

根据国际货协第 7 条第 12 项的规定，如果运单上附有补充清单，则在该栏内记载添附补充清单的张数。

24. 货物的声明价格

该栏用中文大写注明货物价格。

25. 批号（检查标签）

在该栏上半部注明发送路和发站的数字编码。在该栏下半部按照发送路的现行国内规章的规定填写批号。

26. 海关记载

该栏供海关记载用。

27. 车辆

该栏注明车种、车号和车辆所属路简称。如果车辆上无车种标记，则按照发送路的现行国内规章填写车种。例如，KP 24538746 俄铁。如果车辆有 12 位数码，则不填写上述事项，而应填写如 2154 126 0513 0 所示号码。

28. 标记载重

该栏填写车辆上记载的载重量。

29. 轴数

该栏填写所使用的车辆的轴数。

30. 自重

该栏填写车辆上记载的自重。当用过磅的方法确定空车重量时，车辆上记载的自重写成分子，而过磅确定的自重写成分母。

31. 换装后的货物重量

货物换装运送时，该栏应注明换装后铁路确定的重量。将货物从一辆车换装至数辆车时，换装后每辆车的货物重量应分别记载。

32. 铁路确定的重量（千克）

该栏注明铁路确定的货物重量。

33. 数字编码栏

该栏供铁路填记事项之用。各铁路只能在其留存的各张运单上或补充运单上填记数字编码。参加运送的铁路，可商定共同使用上述各栏的办法。

34. 封印个数和记号

该栏根据国际货协第 9 条第 8 项或国际货协附件第 8 号第 12 条的规定，填写车辆或集装箱上施加的封印的个数和所有记号。

35. 发站日期戳

货物承运后，发站在所有运单和补充运单上加盖发站日期戳，作为缔结运输合同的凭证。

36. 到站日期戳

货物到达到站后，到站在运单的第 1、2、4 和 5 张上加盖到站日期戳。

37. 确定重量方法

该栏注明确定货物重量的方法。例如，“用轨道衡”“用的衡器”“按标准重量”“按货件上标记的重量”“丈量法”。如果由发货人确定货物重量，则发货人还应在该栏内注明关于确定货物重量的方法的事项。

38. 过磅站戳记，签字

该栏填写在“铁路确定的重量（千克）”栏中记载的重量以过磅站戳记和司磅员签字作为证明。

39. 附件第 2 号

根据国际货协附件第 2 号的规定，在托运危险货物时，必须在方框内画对角线（×）。如果该栏中方框和“附件第 2 号”字样为黑色，则当发货人根据国际货协附件第 2 号的规定，将货物托运至中华人民共和国、俄罗斯联邦及相反方向和过境这些国家的危险货物时，除在运单货物名称下画一条横线外，还应同时在运单第一张货物名称下画一条红线。

步骤三：填制国际铁路联运单

综合上述信息后，胡京填制完成的《国际铁路联运单》如图 4-2 所示。

国际铁路联运单

编号：

发送路简称 中铁	1. 发货人，通信地址： XIMEN HUIYUAN IMP AND EXCP CO., LTD. NO.61BUBINBEI ROAD,SIMINGQU XIAMEN FUJIAN CHIAN 361012	25. 批号（检查标签）	运输号码： FB08-0014 2. 合同号码： HYCL0217
	5. 收货人，通信地址： MEKONG AUTO CPRPOATION, COLOA AUTO PLANT 52 LUONG NGOC QUYEN ST,HOAN KIEM DIST	3. 发　站：XIAMEN BEI STATION 4. 发货人的特别声明：	
6. 对铁路无效约束力的记载：		26. 海关记载	
7. 通过的国境站： PINGXIANG–DONGDANG		27. 车辆 / 28 . 标记载重（吨）/29 . 轴数/ 30. 自重/ 31 . 换装后的货物重量（吨）	
8. 到达路和站： SAIGON STATION			

27	28	29	30	31
7623451	60			

国际货协——运单慢运	9. 记号，标记，号码	10. 包装种类	11. 货物名称	50. 附件第二号	12. 件数	13. 发货人确定的重量（千克）	32. 铁路确定的重量（千克）
	N/M	BOXES	AUTOPARTS & ACCESSORIES		700	57000.00	57000.00

14. 共计件数（大写）： 柒佰件	15. 共计重量（大写）： 伍万柒仟千克整	16. 发货人签字
17. 互换托盘 数量	集装箱/ 运送用具 18. 种类 类型	19. 所属者及号码 P/TBJU98666587

20. 发货人负担下列过境铁路的费用：无	21. 办理种别：			22. 由何方发车：		33
	~~整车~~	~~零担~~	~~大规模集装箱~~	~~发货人~~	铁路	34
						35
	24. 货物的声明价格： 叁拾伍万元整					36
23. 发货人添附的文件						37
	45. 封印					38
	个数 1		记号 P14727			39
						40
						41
46. 发站日期戳	47. 到站日期戳	48. 确定重量方法	49. 过磅站戳记、签字			42
						43
						44

图 4-2　填制完成的《国际铁路联运单》

任务评价

通过学习上述任务，教师可组织三方评价，并针对学习任务的执行情况进行点评。请学生扫描以下二维码，完成任务评价表的填写。

任务三《国际快递运单》填制

任务环节

国际快递是指在两个或两个以上国家（或地区）之间所进行的快递、物流业务。国家与国家(或地区)传递信函、商业文件及物品的递送业务，是通过国家之间的边境口岸和海关对快件进行检验放行的运送方式。国际快递运输是中间环节很多的长途运输。在国际快件到达最终目的地前，会有一张非常重要的单据，即《国际快递运单》。

欢迎进入任务三，了解《国际快递运单》。

任务目标

知识目标	（1）了解《国际快递运单》的含义； （2）了解《国际快递运单》的内容； （3）掌握《国际快递运单》的填写要点
技能目标	（1）能够根据已有资料快速提取信息要点； （2）能够按照业务要求，将提取的要点准确填入《国际快递运单》
素养目标	（1）具备良好的沟通能力； （2）具有良好的团队合作精神； （3）具备一定的风险防范意识和良好的专业规范行为

任务展示

2017 年 3 月 1 日，居住在福建厦门的刘丽萍（地址：NO.12, Siming District Park West Road，XIAMEN，CHINA，邮编：361003，联系电话：1311917××××）准备使用敦豪航空货运公司（以下简称“DHL”）向定居在美国旧金山市的同学李天歌（地址：NO.315，LOMBARD STREET，SAN FRANCISCO，CA，USA，邮编：94101，电话：415-456-××××）邮寄一套陶瓷茶具（CERAMIC TEA SET），货物包装在一个纸箱内，总毛重为 2.5 千克，费用预付。快递收费标准为首重（0.5 千克）124.00 元人民币，续重（每 0.5 千克）为 19.00 元人民币。刘丽萍选用普通快递形式，运费预付。因为茶具是易碎品，所以 DHL 额外收取了 50 元的杂费。

刘丽萍根据以上信息填制《国际快递运单》。

任务准备

扫一扫

请扫描以下二维码，了解《国际快递运单》的相关知识。

任务执行

步骤一：准备《国际快递运单》相关资料

《国际快递运单》包含的信息有支付方式、发件人名称、联系人名称、收件人地址、物品及数量等信息。

步骤二：认识《国际快递运单》各信息含义

若要完成《国际快递运单》的制作，刘丽萍必须首先了解《国际快递运单》中各项内容及其含义，通过查阅相关资料，刘丽萍了解到《国际快递运单》各项内容及其含义如下。

1. 付款账号及快递保险资料

该栏填写快递的支付方式、发件人姓名、收件人姓名（姓氏全称和名字的缩写即可）。

2. 发件人账号

如果快件费用由用户的快递账户支付，则在该栏输入用户的快递账号。如果用户尚未注册账户，则需联系快递公司的客户服务代表办理开通。请注意，当选择由收件人或第三方支付时，也需要提供发件人账号。

3. 发件人名称

该栏填写发件人姓名（姓氏全称和名字的缩写即可）。

4. 联系人名称

该栏填写发件人的名称（姓氏全称和名字的缩写即可）。

5. 公司名称和地址

该栏填写发件人的公司、部门名称及完整的地址，还应该包括邮政编码。电话 / 传真号码或电子邮件地址也需要填写。

6. 收件人地址

该栏填写公司（或个人）名称及完整的地址，包括邮政编码、国家与联系人姓名。电话 / 传真号码或电子邮件地址也需要填写。注意，DHL 无法将快件递送至邮政信箱。

7. 发件详情

该栏填写快件包含的件数、总重量（向上进位至最近的 0.5 千克）及按厘米计算的每件尺寸（长 × 宽 × 高）。

8. 物品及数量

该栏对快递物品及其数量做精确的描述。

9. 产品与服务

在需要的产品或服务旁的方框里打钩。如果选择“其他”，则需要在空格中注明所需的产品或服务。应向快递公司的客户服务代表确认目前提供的服务选择。

10. 收费服务

该栏填写运输费、杂费、保险费、VAT 增值税及采用的币种。例如，本任务中，快递的总毛重为 2.5 千克。快递收费标准为首重（0.5 千克）124.00 元人民币，续重（每 0.5 千克）19.00 元人民币，所以此次快递的运输费为 124+2.0÷0.5×19=200 元人民币，所以运输费一栏填 200。因为茶具是易碎品，快递公司额外收取了 50 元人民币的杂费，所以杂费是 50 元人民币，该栏应填 50。费用采用的是人民币，所以币种一栏应填 CNY。

步骤三：填制国际快递运单

综合上述信息后，胡京填写完成的《国际快递运单》如图 4-3 所示。

国际快递运单

<table>
<tr><td colspan="7">Payer account number and insurance details
付款账号及快件保险资料</td><td colspan="3" rowspan="3">条形码区域</td><td rowspan="8">Products&Services
产品与服务
☐国内服务
Domestic
☐国际文件
International Document
☑国际包裹
International Non-Document Products
☐EXPRESS 9：00 朝九快递
☐EXPRESS 10：30 十点半快递
☐EXPRESS 12：00 正午快递
☑EXPRESS/WORLDWIDE 快递</td></tr>
<tr><td>Charge to
支付方式</td><td>PP</td><td>Shipper
发件人</td><td>LIULIPING</td><td>Receiver
收件人</td><td>LITIANGE</td><td>3rd party
第三方</td></tr>
<tr><td colspan="7">Payer Account No.</td></tr>
<tr><td colspan="4">Shipment Insurance</td><td colspan="3"></td><td colspan="3">Shipment details
发件详情</td></tr>
<tr><td colspan="7">From (Shipper) 发件人名称 LIULIPING</td><td rowspan="2">Total number of packages
总件数
1</td><td colspan="2">Total Weight
总重量</td></tr>
<tr><td colspan="3">Shipper's account number
发件人账号</td><td colspan="4">Contact Name 联系人名称
LIULIPING</td><td>2.5
kg</td><td>gr</td></tr>
<tr><td colspan="7">Shipper's reference(up to 32 characters-first 12 will be shown on invoice)</td><td colspan="3" rowspan="2"></td></tr>
<tr><td colspan="7">Company name 公司名称</td></tr>
</table>

图 4-3 填制完成的《国际快递运单》

Address 地址 NO.12, Siming District Park West Road, XIAMEN, CHINA		Full description of contents 交运物品之详细说明		CHARGES Services 运输费 200 Other 杂费 50 Insurance 保险费 VAT 增值税
Postcode/Zip code(required) 邮政编码（必须填） 361003	Phone,Fax or E-mail(required) 电话、传真或电子邮件（须填写） 1311917××××	Give content and quantity 物品及数量 CERAMIC TEA SET 1SET		
To (Receiver)收件人 LITIANGE		Non-Document shipments Only (Customs Requirement) Attach the original and two copies of a Proforma or Commercial invoice 须付形式发票或商业发票的原件及两份复印件		CURRENCY 币种 CNY
Company name 公司名称		Shipper's VAT/GST number	Receiver's VAT/GST number	
Delivery address 派送地址 NO.315,LOMBARD STREET,SAN FRANCISCO,CA,USA	DHL cannot deliver to a PO Box DHL 无法将快件送至邮政信箱	Declared Value for Customs 海关申报价值	Harmonised Commodity 海关税则编码	
Postcode/Zip code(required) 邮政编码（须填写） 94101	Country 国家 USA		TYPE OF EXPORT	
Contact person 联系人 LITIANGE	Phone,Fax or E-mail(required) 电话、传真或电子邮件（须填写） 415-456－××××	Shipper's agreement(Signature required)		

图 4-3 填制完成的《国际快递运单》（续）

任务评价

通过学习上述任务，教师可组织三方评价，并对学生执行任务的情况进行点评。请学生扫描以下二维码，完成任务评价表的填写。

参考文献

[1] 李婷，刘春兰，陶梦然 . 物流单证制作 [M] . 北京：中国财富出版社，2015.

[2] 谢丽芳 . 物流单证制作实务 [M] . 上海：华东师范大学出版，2014.

[3] 刘春林 . 外贸单证制作实训教程 [M] . 上海：华东师范大学出版社，2011.

[4] 邹小平，秦雯，曾观红 . 国际物流单证缮制 [M] . 北京：清华大学出版社，2014.

[5] 陈兴霞，曹军 . 物流单证与结算 [M] . 北京：中国财富出版社，2015.

[6] 缪东玲 . 国际贸易单证操作与解析 [M] . 北京：电子工业出版社，2016.

[7] 向国伦 . 国际货运代理单证处理 [M] . 北京：科学出版社，2016.

[8] 赵加平，张益海 . 国际货运及代理实务 [M] . 北京：中国海关出版社，2017.

[9] 顾丽亚 . 国际货运代理与报关实务 [M] . 北京：电子工业出版社，2012.

[10] 孙信成 . 物流单证实务 [M] . 北京：高等教育出版社，2015.

[11] 戴正翔 . 国际物流单证实务 [M] . 北京：北京交通大学出版社，2014.

[12] 于雪静 . 物流单证 [M] . 北京：中国劳动社会保障出版社，2015.

[13] 李海燕，马莉，易伟 . 外贸单证与报关实务 [M] . 成都：西南交通大学出版社，2013.

[14] 凌海生 . 国际物流单证操作实务 [M] . 武汉：武汉大学出版社，2014.

[15] 王群飞 . 外贸单证实务 [M] . 北京：北京大学出版社，2013.

[16] 丁行政 . 国际贸易单证实务 [M] . 北京：中国海关出版社，2012.

[17] 龚玉和，齐朝阳 . 外贸单证实训精讲 [M] . 北京：中国海关出版社，2013.

[18] 王肖卿 . 运输单证与运送责任 [M] . 厦门：厦门大学出版社，2014.

[19] 王文艳 . 海运出口业务流程及其分析 [J] . 科技信息，2010.

[20] 钱华生 . 报检单常见栏目填制规范及违规案例分析 [J] . 对外经贸实务，2013（9）.

[21] 黄海成 . 报关单填制应注意的几个问题 [J] . 对外经贸实务，2012（3）.

[22] 曹银华 . 浅析报关单填制的若干问题 [J] . 考试周刊，2012（5）.

[23] 孙彬 . 中欧班列国际铁路联运采用多式联运提单对策的研究 [J] . 铁道运输与经济，2016（4）.

[24] 中华人民共和国海关总署 http://www.customs.gov.cn/

[25] 进出口网 http://www.chinainout.com/

反侵权盗版声明

举报电话：（010）88254396；（010）88258888

传　　真：（010）88254397

E-mail：　dbqq@phei.com.cn

通信地址：北京市海淀区万寿路 173 信箱

　　　　　电子工业出版社总编办公室

邮　　编：100036